Dieter Fohr

Trance und Magie

Dieter Fohr

Trance und Magie

Die afrobrasilianischen Religionen

Kösel

ISBN-3-466-36468-X
© 1997 by Kösel-Verlag GmbH & Co., München
Printed in Germany. Alle Rechte vorbehalten
Druck und Bindung: Kösel, Kempten
Umschlag: Elisabeth Petersen, München
Umschlagmotiv: © Rainer Martini/Agentur Look, München

1 2 3 4 5 · 01 00 99 98 97

Gedruckt auf umweltfreundlich hergestelltem Werkdruckpapier
(säurefrei und chlorfrei gebleicht)

Inhalt

Die Herausbildung der afrobrasilianischen Religionen

Das religiöse Glaubensgebäude im Candomblé

Vielfältiges Afrobrasilien – Wie die Religionen »leben«

Vorwort

Zuerst waren es die Dynamik und die Spannungsvielfalt der Trommelrhythmen, die heftigen und sanften Trancen, die feierlichen Zeremonien in den Kulthäusern, an den Wasserfällen und am Meer, der verschwenderische Bombast der Armen an den nächtlichen Stränden der Iemanjá, die mich faszinierten. Zu dieser Zeit war die vielfältige Pracht der afrobrasilianischen Religionen für mich in erster Linie ein ästhetisches Phänomen.

Bis ich dann ihre Tiefendimension aufspürte, ihre Authentizität, ihren Ernst, das religiöse Geheimnis. Bei dieser Entdeckung war ich starr und ergriffen, voller Verwunderung, voller Staunen.

Ich schrieb Artikel zum Thema, machte eine Radiosendung. Dann folgte dieses Buch. Es kann den Trommelrhythmus nicht hörbar, Trancen und Zeremonien nur durch Sprache erfahrbar machen. Das Buch hat allerdings den Vorteil, die psychische wie religiös-spirituelle Tiefenstruktur, insbesondere des Candomblé, vor Augen zu führen, dem Erzittern machenden Geheimnis (um es in der Sprache des Theologen Rudolf Otto zu sagen), das der Sphäre des Sakralen in jeder echten Religion anhaftet, auf der Spur zu bleiben. Deshalb in erster Linie habe ich es geschrieben.

Bis heute ist der Nagô, die afrikanische Sprache der Yorubá, Sakralsprache in den afrobrasilianischen Kultstätten geblieben, obgleich er als Verkehrssprache kaum noch präsent ist und nicht mehr gesprochen und verstanden wird. Die wichtigsten Begriffe zur Bezeichnung religiöser Inhalte sowie kultischer Einrichtungen und Gegenstände aber sind selbst im brasilianischen Portugiesisch als

Übersetzungen nicht verfügbar. Allerdings ist das Portugiesische zur Schriftsprache dieser vormals einer mündlichen Tradition und Religion entstammenden Begrifflichkeit geworden, in dessen pflaumenweicher brasilianischer Aussprache sich die ursprünglichen Nagô-Bezeichnungen zwar anders, aber dennoch erstaunlich gut anhören. Diesbezüglich verweise ich auf das Glossar im Anhang. Dort sind diese und auch einige portugiesische Bezeichnungen, wie sie in der Umbanda beispielsweise vorliegen oder zur Unterstreichung des Lokalkolorits erforderlich waren, zum Nachschlagen kurz erläutert. Ihnen gesellen sich auch noch einige mythologische und ethnologische Termini hinzu, die in unserem Kulturkreis selten, im Zusammenhang mit diesen Religionen jedoch häufig gebraucht werden.

Die großen Religionsvermischungen im südlichen Amerika

Amerika ist nämlich durch seine Ontologie,
die schöpferische Präsenz des ... (Schwarzen) und des Indios,
die noch junge Entdeckung, die einer Offenbarung gleichkam,
und die fruchtbare Rassenvermischung, die Amerika förderte,
noch weit davon entfernt, seinen Reichtum an Mythologien
zu erschöpfen.

Alejo Carpentier: Vorwort zu seinem Roman
»Das Reich von dieser Welt.«[1]

Ich bin der Meinung, dass kein Soziologe, kein Anthropologe,
kein Philosoph das Recht hat, von sich zu sagen,
dass er Brasilien in seiner Gesamtheit kennt.
Dieses Land ist so extrem reich an Kontrasten,
dass die wirklich tiefen Wurzeln seiner Kultur
bis heute noch nicht begriffen worden sind.

Julio Braga, Anthropologe[2]

Erste Annäherungen: das besinnliche und das rauschhafte Fest

Weihnachten ist auch in Rio de Janeiro ein besinnliches, ein ruhiges Fest. Im feuchtheißen Klima allerdings; der tropische Sommer ist allgegenwärtig und kann anstrengender sein als mittel- und nordeuropäische Kälte.

Kennt man in Europa noch diverse Zerstreuungsangebote rechtzeitig zum Fest, so gibt es hier dergleichen nicht. Christmette in der Kathedrale, lateinamerikanische Folklore und eine Ansprache des Staatspräsidenten im Fernsehen, das ist fast schon alles. Leergefegte Straßen prägen das Stadtbild; selbst die vierzig Kilometer langen Strände, die noch nicht als kontaminiert gelten, bleiben vom gewohnten Defilee der Flaneure und der Strandschönheiten, die hier an anderen Tagen – vornehmlich in den Stadtteilen Ipanema und Copacabana – unablässig sehen und gesehen werden wollen, verschont.

Die Cariocas, wie sich die Einwohner Rios nennen, bleiben an den Festtagen unter sich, im Kreis der Familie. Geschäfte, Restaurants und Bars haben früh geschlossen und sind der Einbruchsgefahr wegen vergittert und verriegelt.

Weihnachten steht auch in Brasilien an der Spitze der Feste, obgleich es weit weniger als bei uns zu den ältesten Kulturgütern zählt, bei dem ja noch heute Merkmale eines heidnischen, keltisch-germanischen, also nichtchristlichen Brauchtums auszumachen sind.

Was hier in Brasilien »nichtchristlich« genannt wird, geht auf afrikanische (zum Teil auch auf indianische) Ursprünge und Bräuche zurück, die von den aus Afrika verschleppten Sklaven hierher gebracht worden sind. Bei diesen Einflüssen aber spielt Weihnachten keine Rolle.

Die in Rio etablierten afrobrasilianischen Religionen begehen Weihnachten auch nicht als ihren Festtag. Sie empfehlen jedoch das Gedenken an die Geburt des Herrn als stilles Fest der Menschlichkeit, der Freude und der geistigen Versenkung, untersagen ausdrücklich Ausschreitungen und Alkoholexzesse.

Vorurteile

All diejenigen, die ganz unvorbereitet und nur mit knappen Informationen ausgestattet in dieses Land kommen, mag das erstaunen: Diese Kulte werden, zumal in der Sensationspresse, allzuoft als aggressiv, gemeingefährlich und kriminell beschrieben, und, ganz ähnlich wie beim Voodoo auf Haiti, soll es zu Menschenopfern gekommen sein, die den wilden, blutrünstigen Göttern dargebracht wurden. Auch das Hotelpersonal stößt entsprechende Warnungen aus, wenn man sich nicht gerade nach einer harmlosen »Touristen-Macumba« erkundigt. In den Nobelherbergen kann es vorkommen, dass von einem Besuch strikt abgeraten wird, sofern man nicht als Begleitschutz einen professionellen, bewaffneten Wachmann mitzunehmen beabsichtigt.

Die aufgeregten Angestellten der Portiersloge beharren selbst dann noch auf ihrer Warnung, wenn der Gast darauf verweisen kann, dass diese Kulte ja doch mit dem Katholizismus vermischt sind. Die Vermischung sei nur oberflächlich und äußerlich, wird dann geantwortet. Im Übrigen sieht man diesen Verschmelzungsprozess für historisch abgeschlossen und für die heutige Zeit nicht mehr verbindlich an.

Vorurteile und Halbwahrheiten, auch in Brasilien, dem für die afroamerikanischen Kulte bei weitem wichtigsten Land, in dem dreißig bis vierzig Prozent der Bevölkerung Angehörige der verschiedensten Kultausprägungen sind oder doch zumindest an deren Riten teilnehmen.

Wer näher hinsieht, wird bald mit solchen Vorurteilen aufräumen, versteht den befreiungstheologischen Impuls, den die katholischen Basisgemeinden, die insgesamt weit weniger Mitglieder als die afrobrasilianischen Kulte zählen, diesen ausdrücklich zuerkennen. Sie bedauern das große Unrecht, das diesen im Kern afrikanischen Religionen seit der europäischen Invasion und Eroberung mitsamt der Sklavenverschleppung aus Afrika zugefügt worden ist. »Blutrünstig«, aggressiv, kriminell und zudem ausgesprochen geldgierig waren doch eher die Europäer gewesen. Ihnen waren – unter Beibehaltung der Ausrottungsmaßnahmen gegen die indianische Urbevölkerung – die weißen Brasilianer gefolgt: Zerstörungsaktionen gegen afrobrasilianische Kultstätten reichen bis in unser zwanzigstes Jahrhundert hinein.

Deshalb strecken Befreiungstheologen, denen sich mittlerweile im sonst überwiegend katholischen Brasilien auch eine kleine Minderheit von Protestanten und Lutheranern, so der auch in Deutschland bekannte Professor Milton Schwantes, zugesellt, die ihre Kenntnisse über die afrobrasilianischen Religionen nicht nur aus Büchern beziehen, sondern selbst auch einmal an den kultischen Festessen im *Terreiro* teilnehmen, die Hand aus und bitten um Vergebung. Akte geschwisterlicher Nähe werden spürbar, denen sich Liebe, die befreiungstheologische »Option für die Armen« sowie die Bemühungen um einen umfassenden interkonfessionellen Dialog beigesellen.

Der Dialog mit diesen Religionen ist gleichwohl schwierig: Sie existieren im Plural, sprechen nicht mit einheitlicher Stimme – selbst Terminologie und Sprache sind uneinheitlich –, treten untereinander in Konkurrenz, und die Macht der Kultvorsteherinnen oder Kultvorsteher ist nachgerade absolut: Sie allein bestimmen die verbindlichen Glaubensinhalte für ihre Gemeinden. Hinzu kommt der klandestine Charakter der Religionen: Traditionell und aus Angst vor einer Rufschädigung – in früheren Zeiten aus begründeter Furcht vor Verfolgung und Razzien der Polizei – äußern ihre Anhänger, selbst die Anhänger der heute ihres »Brasilientums« wegen hoch angesehenen Umbanda noch immer, sie seien katholischer Konfession. Und eine Affinität zum Katholizismus besteht ja auch in der Tat: Kein kultisches Zentrum ist von katholisch-synkretistischen Einflüssen frei, selbst im streng am afrikanischen *Yorubá*-Ideal angelehnten Salvador de Bahia nicht. Mehr noch: Die Anhänger fast aller dieser Religionen lassen ihre Riten immer wieder durch den Katholizismus komplettieren.

Kaum ein Sklave oder Nachfahre der aus Afrika verschleppten Menschen dürfte jemals so vollkommen unabhängig vom Katholizismus das afrikanische Ideal ausgelebt haben wie die reizende, zwölfjährige Kunstfigur Sierva María, die frührreife, etwas autistisch anmutende Protagonistin aus Gabriel García Márquez' historischem Roman »Von der Liebe und anderen Dämonen«, die letztlich durch den vom katholischen Bischof verhängten Exorizismus zu Tode kommt. Bevor sie in der kolumbianischen Stadt Cartagena de Indias, in der von den Sklaven und deren Nachfahren die gleichen jenseitigen Mächte der afrikanischen Yorubá-Stämme wie in Brasilien angerufen und verehrt werden, dieses tragische Schicksal ereilt, begleitet der große Magier und Erzähler García Márquez sie, die blutjunge Eigensinnige mit dem langen, leuchtend kupferfarbenen Haar, die selbst keine Afrikanerin ist, auf ihren Wegen, die sie immer wieder zu den Sklaven, deren Hütten und den mythisch-magischen Praktiken treibt: »Sie gewann augenblicklich ihre Welt zurück. Sie half einen Ziegenbock schlachten, der sich zu sterben wehrte. Sie stach ihm die Augen aus und schnitt die Hoden ab, das waren die Stücke, die ihr am besten schmeckten. Sie spielte Diabolo mit den Erwachsenen in der Küche und mit den Kindern auf dem Hof und besiegte alle. Sie sang auf yoruba, kongo und mandingo, und selbst wer sie nicht verstand, hörte

15

hingerissen zu. Zum Mittagessen aß sie ein Gericht aus den Hoden und Augen des Ziegenbocks, in Schweineschmalz gedünstet und scharf gewürzt.«[3]

Angedeutet wird hier eine rituelle Schlachtung und ein kultisches Festessen, wie es für die *Orixás*, die jenseitigen Mächte, zubereitet wird, und von dem die Kultmitglieder auch selbst essen. Das Besondere des aufgezeigten situativen Kontexts besteht allerdings im anarchischen Ausleben dieser Nichtafrikanerin, die im Übrigen nur Afrika und alles Afrikanische anzuerkennen bereit ist – und sonst nichts –, im Autismus und der Isolation der früh selbständigen Sierva María, die zumeist das tut, was ihr gerade in den Sinn kommt und hier nicht auf das gemeinsame kultische Mahl warten will oder kann.

Orixá wird häufig – auch in der seriösen Literatur – mit »Gott« übersetzt, was nicht unproblematisch ist. Die Mitglieder der verschiedensten Kulte bezeichnen in der Mehrzahl ihre Religionen als monotheistisch, und die Anthropologen stimmen ihnen heute zu. Orixás sind von Gott, dem Einen und Höchsten (Olorun) abgeleitete Wesen, die die Kräfte der Natur und des sozialen Lebens verkörpern. Als solche sind sie allerdings sehr mächtig; der Erdenschöpfer und Himmelsbesitzer *Olorun* hingegen wird als ein weit entfernter Gott, geradezu als Deus absconditus, vorgestellt, der – im Gegensatz zu den Orixás – kaum persönlich angerufen wird und nicht mehr spürbar in das Leben der Menschen eingreift.

Umdeutungen

Die ausgeprägte Heiligenverehrung der portugiesischen Sklavenhalter ermöglichte eine Identifizierung der Orixás mit christlichen Heiligen: Die aus Afrika verschleppten und zwangsgetauften Sklaven legten die Fetische ihrer Orixás in die hohlen Gipsfiguren der Heiligen hinein und konnten dann diese – in dem Glauben, dass

Trancen in einem Terreiro in ärmlicher Stadtrandsiedlung Rio de Janeiros

der Kern wichtiger sei als die Schale – devot anbeten. Das erzählt man sich in Brasilien gern im Umkreis der Terreiros (Kultstätten). So oder in ähnlicher Weise mag sich der Gründungsakt des afrobrasilianischen *Synkretismus*, die Verschmelzung der in ihrem Ursprung aus dem heutigen Nigeria stammenden Yorubá-Religion mit christlichen Glaubensvorstellungen, abgespielt haben.

In diesem Sinn wurde auch Jesus Christus gedeutet und umgedeutet: Er wird der synkretistischen Verschmelzung zufolge mit *Oxalá*, dem mächtigsten afrobrasilianischen Orixá, gleichgesetzt (in dem noch größere Verwirrung stiftenden spiritistischen Anteil der Umbanda ist er außerdem noch die am höchsten entwickelte spiritistische Größe, die es jemals gegeben hatte), was seine Identität mit dem biblischen Jesus erheblich erschwert. Der afrikanische *Oxalá* existiert den Glaubensvorstellungen zufolge in mehreren Erscheinungsformen, als junger wie als alter gebückter Mann; in Afrika galt er in seiner ursprünglichen, ganz frühen Form auch als der männliche Teil eines androgynen Wesens, welches, den zwei Hälften eines Kürbis vergleichbar, die männlichen und die weiblichen Pole in sich und damit als *Obatalá* den Himmel mit Odudua, der Erde vereinte, und dergestalt Orixás und die Menschen zeugte und gebar.

Diese Religionen sind in Fragen der Sexualmoral nicht prüde, wenngleich auch der häufig zu ihrer Charakterisierung geäußerte Immoralismusvorwurf unzutreffend ist. Mircea Eliade verweist zu Recht darauf, dass göttliche Androgynie und Zweigeschlechtlichkeit nicht als einseitig erotisch misszuverstehen sind, sondern stets auf die kosmologischen Prinzipien, die sie darstellen, verweisen: »Der eigentliche Sinn der (androgynen) Formel ist es, durch biologische Ausdrücke die Koexistenz der Gegensätze, der kosmologischen Prinzipien (Männlich-Weiblich) im Schoß der Gottheit zu fassen.«[4]

Oxalá, der bei weitem mächtigste Orixá (wodurch sich seine Identifikation mit Jesus Christus erklärt), ist anderen Mythologemen zufolge auch noch der Gatte der Iemanjá, die hier in Rio ganz unbefangen als Meeresgöttin bezeichnet wird.

Iemanjá aber wird mit der Gottesmutter Maria synkretistisch identifiziert: Auch dieser Umstand zeigt auf, dass Oxalá ganz und gar nicht in das Bild passen will, das sich Christen von ihrem Erlöser machen.

Und dennoch existiert in den Köpfen der Menschen auch ein Bild des Jesuskindes in der Krippe, ein Bild des Gekreuzigten und des Auferstandenen, wie wir es kennen und verinnerlicht haben. Dafür sorgt eine weit verbreitete christliche Botschaft genauso wie die unter dem Zeichen christlicher Kultur stehenden Medien.

Selbst die negativen Einflüsse von Weihnachten sind spürbar, die »Ästhetik« der mit überdimensionierten Plastik-Tannenbäumen, mit Glitter und Rauschgoldengeln geschmückten Fußgängerzonen, die auch den Tropen nicht nur den Abglanz himmlischer (eher schon ungewohnt europäischer) Erscheinungen bescheren, die Umerziehungsmaßnahmen der Werbewirtschaft, Geschenkzettel und Wunschlisten anzufertigen, um lange schon vor dem Fest es zu dem zu machen, als was es bei uns geworden ist: zum Umsatz-Kaufrausch-Erlebnisspektakel im Namen des »Gottes Mammon«.

Was bei uns allerdings einer Minderheit verwehrt ist, trifft dort auf breite Massen zu: Die meisten Menschen können sich den »Luxus« des Weihnachtseinkaufs nicht leisten.

Beeinflussungen

Doch zurück zum eigentlichen Fest: Am 25. Dezember drängen sich in der Zehnmillionenmetropole Rio de Janeiro so große Menschenmassen in die Kirchen, dass die Feststellung, Brasilien sei das größte und zudem noch eines der bevölkerungsreichsten katholischen Länder der Erde, gerechtfertigt erscheint. Aber wiederum nur auf den ersten Blick. Neugierde, Sympathie und Liebe zu dem Kind in der Krippe erklären die Anwesenheit auch von Nichtchristen im festlichen Gottesdienst, Ausdruck des auch nach dem Zweiten Vatikanischen Konzil noch prunkvollen Katholizismus der Liturgien und großen Gesten. Aber es gibt auch das Phänomen einer Zweit- oder gar Drittreligion. Ein und derselbe Mensch kann einer Umbanda-Gemeinde angehören, daneben die Gottesdienste der katholischen Kirche besuchen, möglicherweise auch deren Sakramente empfangen, und darüber hinaus noch an den Séancen der Spiritisten teilnehmen (wobei der Spiritismus selbst längst mit der Umbanda verschmolzen ist).

Die afrobrasilianischen Religionen und Kulte haben aber auch ihrerseits die Volksfrömmigkeit wie den Aberglauben der Katholiken nachhaltig beeinflusst: Eigenschaften und Charaktere der Orixás sind, zumeist oberflächlich, im ganzen Land bekannt; selbst dort, wo man ihnen mit Ablehnung begegnet, fürchtet man zumindest das ihnen nachgesagte zerstörerische Potential.

Magie, und zwar sowohl die »weiße«, auf das Gute zielende, die es sich zum Ziel setzt, zu heilen oder Glück zu bringen bzw. böse Kräfte und Geister zu vertreiben, wie ihre böse, das Schlechte bewirkende, die sogenannte »schwarze« Variante, welche gerade die unheilvollen übernatürlichen Kräfte zu dem Zweck anruft, jemandem Böses oder Schaden zuzufügen, wird im ganzen Land – selbst von so manchen Katholiken – als lebenspraktisches Prinzip anerkannt. Rezente Formen eines mediterranen Aberglaubens zur Kolonialzeit durchdringen sich immer wieder mit Teilen des afrobrasilianischen und ameroindianischen Mythos, und sei es auch nur, um einen Regen herbeizubeschwören oder aus Furcht vor dem afrikanischen Exu-Kult als »Teufelshandlung« der schwarzen Magie. Gefürchtet sind insbesondere verwesende Kadaver von Opfertieren auf den Straßen, aber auch bedeutungsgeladene Gegenstände[5], die, in der unterstellten oder auch tatsächlichen Absicht, Böses zu bewirken, an Wegkreuzungen abgestellt werden und an deren unheilbringende Wirkung auch Christen unbeirrbar glauben. Brasilien ist ein in der Berührung mit diesen Kulten außerordentlich abergläubisches Land geworden.

Das gilt selbst für die Chefetagen der Konzerne, in denen sich Wirtschaftsbosse von Hexern oder Kultvorstehern beraten lassen und Riten der »weißen Magie« zur Umsatzsteigerung einüben – eine in unseren Breiten unmögliche Vorstellung! –, das gilt sogar für die große Politik, wobei der ehemalige brasilianische Staatspräsident Sarnay oder der mehrmalige argentinische Staatspräsident Perón sogar afrobrasilianische »Hexer« in ihren »Hofstaat« übernahmen. Dieser Trend setzt sich fort, auch wenn alle Welt weiß, dass Peróns letztes Aufbegehren, sein Macumba-Priester, der ihm sonst so erfolgreich zu Diensten war, solle ihn nach seinem Tod wieder ins Leben zurückrufen, letztlich nicht den beabsichtigten Erfolg brachte.

Am Abend des 25. Dezember öffnen sich wieder die Türen einiger Restaurants, zumindest derjenigen in Strandnähe. Trotzdem ist wenig Betrieb. Nur Touristen machen sich auf den Terrassencafés breit, spielen vor Langeweile Karten oder zechen und gröhlen, so als wollten sie das alte Julfest wieder einführen und in tropischer Kulisse beleben.

Ich bleibe in der Stadt und fiebere dem *anderen* Fest entgegen: Was sich an Sylvester in Rio abspielt, dafür gibt es bei uns in Europa keine Parallele. Rio begeht das Fest der »Meeresgöttin« Iemanjá, das, wenn nicht gerade ein tropischer Regen niederprasselt, Millionen Menschen an die Strände treibt. Das Fest ist im ganzen Land bekannt und zieht außer den Cariocas auch viele brasilianische Touristen an.

Iemanjá

Es ist kein uraltes traditionelles Fest in dem Sinn, dass es direkt einem afrikanischen Brauchtum entnommen wäre. Die meisten der nach Brasilien verschleppten Yorubá stammten aus dem Landesinnern und nicht von der Küste[6]; die Bedeutung solcher Meeresfeste war ihnen daher mehrheitlich nicht vertraut. Überdies ist Iemanjá bei den Yorubá keine Orixá des Meeres, sie ist vielmehr eine Art Flussgottheit. Also ist selbst bei dieser höchst bedeutsamen Orixá gegenüber dem afrikanischen Ursprung in Brasilien eine Umdeutung erfolgt: Es gibt Vermutungen, wonach Iemanjá insoweit »die Stelle der in Vergessenheit geratenen Meeresgottheit Olokun eingenommen hat, indem ihr Kult, ... (im nigerianischen) Abeokuta am Fluss vollzogen, in Brasilien an den Strand verlegt worden sei.«[7] In Rio wird das Fest erst seit einigen Jahrzehnten begangen.

Es gab von katholischer Seite Versuche, es in ein reines Marienfest umzuwandeln: Maria sollte über Iemanjá siegen. Dôm Hélder Câmara soll solche Anstrengungen mit der Einführung einer großen Marienprozession in den Abendstunden des 31. Dezember unternommen haben, wie mir der Schriftsteller Antônio Callado[8] erzählte. Auch die Marienprozession in der Avenida Atlântica soll von einer riesigen Menschenmenge umsäumt gewesen sein; als dann jedoch die Prozession zu Ende war, fanden sich alle, auch die Katholiken der Marienprozession, am Strand der Iemanjá ein: Der Wettkampf ging schließlich als Sieg des Synkretismus in die Stadtgeschichte ein.

Salvador, das bedeutende Zentrum des *Candomblé*, begeht ebenfalls ein großes Iemanjá-Fest, das jedes Jahr am 2. Februar, nach dem katholischen Kalender an Mariae Lichtmess und, für den großen Taumel dort – alle Iemanjá-Feste haben emphatischen Volksfestcharakter – nicht unbedeutend, im Vorkarneval stattfindet. In ritueller Hinsicht ist es »geordneter« als dasjenige in Rio, weit weniger dem chaotischen Nebeneinander von größeren und kleineren Kultgemeinden aller möglichen Richtungen unterworfen. Man huldigt Iemanjá mit Tänzen, Gesängen und Fürbitten.

Es kommt aber nicht zu Inkorporationen und Besessenheiten; dazu braucht der Candomblé den würdigen Rahmen und Platz im Terreiro. Blumen, Parfüms, Fürbitten und Votivgerichte für Iemanjá werden zentral gesammelt, anschließend von Booten und Fischkuttern in Form einer Prozession ins Meer hinaus gefahren und dann dort versenkt. Die Zeugen dieser Meeresprozession stehen zu Hunderttausenden am Strand und auf den schroff aufragenden Felsen. Anschließend entfaltet sich ein vor Lebensfreude überschäumendes Volksfest, bei dem auch die Musik- und Sambagruppen des Karnevals auftreten.

Schon in der Nacht zum 30. Dezember gibt es das »Vorfest« einzelner Gemeinden, die ganz unter sich sein wollen. Sie bringen ein Boot mit an den Strand, das sie mit Blumen, Geschenken, Votivgerichten für Iemanjá füllen; das Boot hat die Form einer Meeresjungfrau und wird von den Gemeindemitgliedern in einem wochenlangen Vorbereitungsdienst geflochten und gebastelt.

Wer mitkommen will, ist gut beraten, sich rechtzeitig in den entsprechenden Terreiros eine Omnibusfahrkarte zu sichern, denn die Fahrten führen über unwegsames und unsicheres Gelände, wo die Kriminalität Rios grassiert, so dass sich selbst die Taxifahrer weigern, ohne Schutzpersonal dorthin zu fahren.

Ich habe mir rechtzeitig die Karte im Kulthaus besorgt. Und zögere trotzdem, weiß nicht so recht, ob ich mitkommen soll. Seit jeher bin ich eher am Candomblé interessiert, der mir authentischer zu sein scheint und stärker afrikanisch orientiert ist. Candomblé-Angehörigen werde ich morgen, in der großen und langen Nacht der Iemanjá, gewiss auch begegnen, und anschließend will ich ja sowieso ins Zentrum des Candomblé, nach Salvador, fahren. Ich zögere auch deshalb, weil ich nicht einschätzen kann, wie sich die Umbanda der letzten Jahre verändert hat, und ob ich sie noch, wie in früheren Zeiten, als »sanfte Einstiegsdroge« zum Candomblé

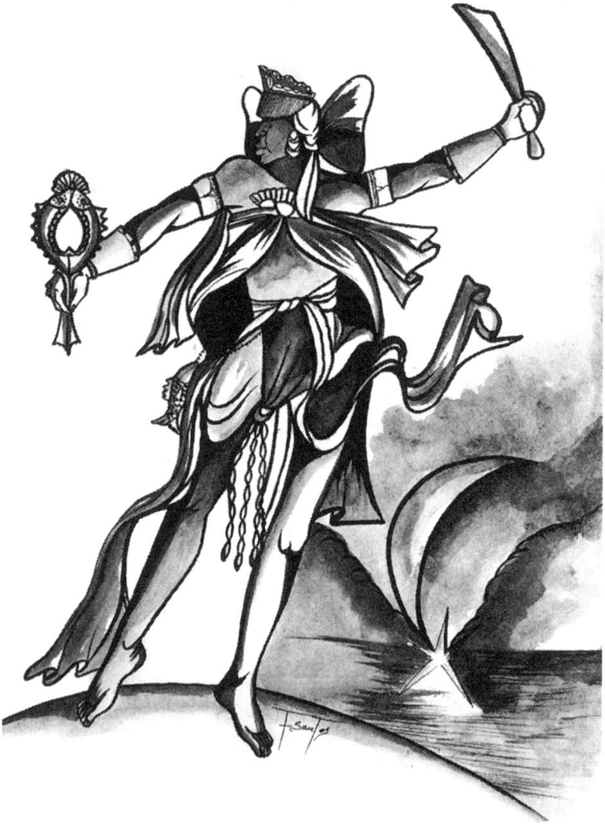

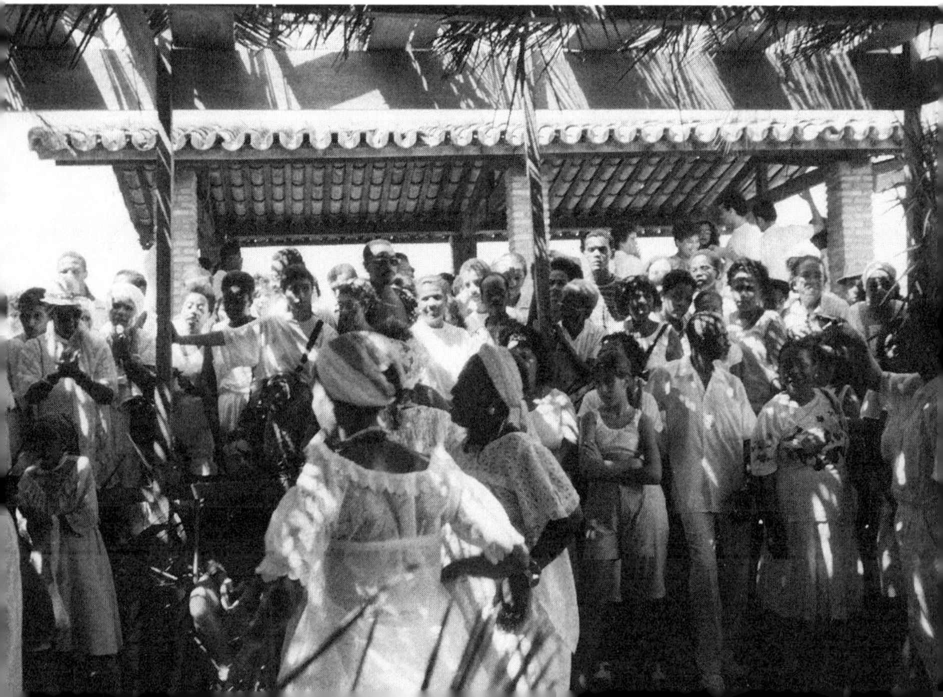

Abb. S. 24 oben: Iemanjá als schwarze Orixá

Abb. S. 24 unten: Fest der Iemanjá, das in Salvador stets am 2. Februar, dem Mariae-Lichtmess-Tag des katholischen Kalenders, stattfindet.

Abb. S. 25: Iemanjá in starker Anlehnung an Maria, selbst das Abebê, ihr traditionelles Emblem des silbernen Fächers mit oftmals eingearbeiteter Sirene, fehlt vollständig. Genuin afrikanische Züge sind nicht mehr zu erkennen. Das Bild erinnert an die naiven Versionen italienischer oder portugiesischer Heiligenbilder, lässt aber gerade dadurch den Synkretismus deutlich erkennen.

Iemanjá ist hier eine Art »Maria im Meer«. Solche »Marien« mit weißer Haut gibt es auch als »Nixen« mit blonden Haaren.

auffassen und annehmen kann. Der Nationalcharakter A Brasilidade, das »Brasilientum«, den die Umbanda seit langem für sich in Anspruch nimmt, stört mich schon, auch das fortschrittsorientierte Mittelschichtsdenken, das ihr gern nachgesagt wird, wenngleich ich dies gerade bei früheren Tempelbesuchen nie so festgestellt habe; ich habe ihre Angehörigen zumeist als proletarisch oder gar subproletarisch erlebt. Ein Greuel war mir allerdings von jeher der katechismusartige Charakter, den die Propagandisten dieser Religion ihrem massenhaft verbreiteten Schrifttum von Büchern und Zeitschriften geben, sowie der Wissenschaftsanspruch, mit dem sie diesen auch noch zu untermauern versuchen. Und schließlich kann ich mit dem Spiritismus kardecistischer[9] Prägung mit seiner »Evolution der Geister«, die alle einer »höheren Ordnung« zustreben und mit denen die Adepten in Kontakt treten, wenig anfangen. Dass aber eine auf die Yorubá-Mythologie gestützte Religion außer mit dem Katholizismus und dem Spiritismus auch noch mit Theosopie, Esoterik, Freimaurerriten, dem Buddhismus und dem Brahmanismus vermischt sein soll: das nimmt einem erst einmal die Luft.

Dennoch: Wer Brasilien und die afrobrasilianischen Religionen kennen lernen will, kommt um die Umbanda nicht herum. Sie erlebt im ganzen Land eine ungeheuere Ausbreitung: Von den dreißig bis vierzig Prozent der Brasilianer, die die Riten der afrobrasilianischen Kulte ausüben, ist der weitaus größte Teil in Umbandagemeinden zu finden. Gleichwohl ist, gerade in jüngster Zeit, eine starke Reafrikanisierung, und damit einhergehend, die ständige Neugründung von Terreiros des Candomblé im ganzen Land, gerade aber auch in Rio de Janeiro, zu registrieren.

Dominanz der Frauen

In Rio de Janeiro hat die *Umbanda* die vor Jahrzehnten vorherrschende *Macumba*, die aus dem angolanisch-kongolesischen Ban tu-Kult stammt und in ihrem Ursprung durch eine ausgeprägte Ahnenverehrung mit Reinkarnationslehre gekennzeichnet war, verdrängt bzw. hat die Mitglieder der Macumba in sich aufgesogen. Dieser Wandlungsprozess von einer vergleichsweise einfacheren und weniger komplexen Banturreligion hin zu den Orixákulten hat zweifelsohne einen Zugewinn der Yorubá-Religion in Brasilien unter dem beispielgebenden Einfluss des Candomblé bewirkt. Die Macumba der letzten Jahrzehnte war durch und durch zum Mythos der Ärmsten der Armen geworden und wies zudem deutliche Elemente einer schwarzen Magie auf, die in der Umbanda vollständig fehlen. Im Kult der *Quimbanda* allerdings hat sich die schwarze Magie erhalten. Heute ist der Kult der Macumba kaum mehr bekannt, dennoch wird das Wort häufig benutzt: in pejorativer Absicht als Ausdruck für schwarze Magie und böse Hexerei, der auf die immer wieder beklagten Auswüchse einzelner Kulte und kleinerer Gemeinden zurückgeht.

Die Umbanda ist die synkretistischste aller afrobrasilianischen Religionen, mit vielfachen Abweichungen von Gemeinde zu Gemeinde, was den Eindruck von Mischung und Zufall noch erhöht. Daran hat auch der Umstand nichts Wesentliches geändert, dass sie sich schon früh, 1939, kurz nach ihrer Etablierung, im Dachverband »Federação Espírita de Umbanda«, eine Bezeichnung, die später umbenannt wurde, organisiert hatte: Wer im religiös offenen Brasilien abweichender Meinung ist, braucht dazu kein Schisma.

Das Umbanda-Universum ist mit zahllosen Geistwesen und Seelen Verstorbener erfüllt. Von den Medien inkorporiert (einverleibt) werden nicht nur die afrikanischen Orixás der Yorubá, sondern auch *Pretos Velhos*, Totengeister heroisierter, aber gutmütiger alter Sklaven, sowie die Seelen der *Cabôclos*, ungezügelt wilder Indianer vom Typ des »edlen Wilden« Rousseau'scher Provenienz. Beiden wird eine heilende und therapeutische Wirkung zugesprochen. Insbesondere der Cabôclo »heilt mit den Händen«, und der einverleibte Preto Velho gibt den Adepten Ratschläge fürs Leben. »Cabôclos wie Pretos Velhos haben für die Brasilianer der unteren Schichten auch die Bedeutung eines Therapeuten, den sie sich sonst gar nicht leisten könnten«, hat mir einmal früher eine Mãe de Santo (wörtlich: Mutter des Heiligen, eine Übersetzung aus dem *Nagô*, in dem weibliche Kultvorsteher *Ialorixá*, Mutter des Orixá, genannt werden; ein männlicher Kultchef ist dagegen der Vater des Heiligen, *Pai de Santo* im Portugiesischen, im afrikanischen Yorubá heißt er *Babalorixá*) erklärt. Und heute? Ist die Kommerzialisierung der Umbanda, in deren Publikationen triumphierend berichtet wird, dass ständig neue Niederlassungen längst auch im Ausland, in Argentinien, Uruguay, selbst in den USA und Europa (in der Schweiz und in Italien) gegründet wurden, so weit fortgeschritten, dass es ihr auf diejenigen, die Hilfe am nötigsten haben, gar nicht mehr ankommt? Sollte sie die Beziehung zur Basis, ihrer eigenen Herkunft aus Holzbaracken und Hinterhöfen, von Tempelgründungen zwischen Plastikmüll und Favela-Verschlägen vergessen haben?

Das will ich herausfinden, also fahre ich mit. Die Leute im Bus – zumeist Frauen – sehen müde, abgearbeitet und erschöpft aus. Sie erzählen sich von ihren Kindern und Männern, von der Arbeit und ihren noch unerledigten Problemen. Die Farbe Weiß, das Weiß Oxalás als viel benutzte Kleiderfarbe der Terreiros, dominiert, also haben sie sich schon umgezogen. Auch die wenigen weißen Frauen tragen die wallenden weißen Gewänder, die Sklaventrachten nachgebildet sind. Die Frauen essen mitgebrachte Brötchen im Bus. Einige gehen zu dem ganz und gar festlich geschmückten Boot, das die Form einer Meeresjungfrau hat, und berühren es mit den Handflächen. Der Gesichtsausdruck der Frauen lockert sich dabei, sie lächeln; so mancher geöffnete Mund legt lückenhafte Zahnreihen frei. – Mittelschicht? Ich habe da meine Zweifel.

Als wir nach vierzig Minuten Fahrt am Strand ankommen, wird das Boot erst einmal auf den Sand gestellt. Ein Terreiro im Freien in Form eines Rechtecks wird markiert und mit Seilen eingezäunt.

Die Gemeinde stimmt ihre Pontos an, rituelle Lieder, die Iemanjá, die übrigen Orixás, aber auch die Totengeister, die Pretos Velhos und die Cabôclos, anrufen und verherrlichen. Trommeln werden geschlagen. Die Gemeinde steht außerhalb des eingezäunten Bezirks, während die initiierten Medien sich zwischen den Seilen im Rhythmus der Trommeln wiegen. Sie warten auf ihre Inkorporationen, auf die Ankunft der Geister in ihrem Körper. Überall in den Terreiros, so auch hier im »Terreiro im Freien«, am Strand, das gleiche, vertraute Ritual: Der Orixá oder Geist wird durch die Gesänge und die Trommeln gerufen und angelockt, er steigt in den Terreiro hinab und manifestiert sich in den Medien, die dabei in Trance fallen.

Der Trommelrhythmus ist gegenüber dem Candomblé stark vereinfacht, wie ich gleich feststelle; beim Ponto für Iemanjá fehlt der kunstvolle, gleichmäßig voranschreitende, tragende Grundrhythmus, der sich mit verspielten Verästelungen und Gegenbewegungen erregend kontrastiert, vollständig. Auch sonst gibt es wenig Unterschiede, die die rhythmischen Charakteristika der einzelnen Orixás, wie im Candomblé üblich, betonen. Dennoch sind die Rhythmen fesselnd und mitreißend, und die sanfteren Vorstadien der Trance der Frauen zeigen sich bereits. Der sonst in den Umbanda-Terreiros üblichen Festlegung der Orixás und der übrigen Geister, die zur Inkorporation angerufen werden sollen, hatte es offenbar nicht bedurft; hier am nächtlichen Strand ist wohl alles ungeordneter, chaotischer.

Dass aber die Medien hier ohne lange Vorbereitungen, ohne ausgedehnte Initiationsriten, die in Salvador bis zu einem Jahr Zeit in Anspruch nehmen können, zu inkorporieren gelernt haben, ist ein weiterer großer Unterschied zum Candomblé. Gemeinsam ist jedoch die Erfahrung, dass es in überwiegender Anzahl Frauen sind, die inkorporieren, beim Candomblé wie in der Umbanda; ein Umstand, dem die Soziologin Ruth Landes, die dem Phänomen in Salvador begegnete, ein vielbesprochenes Buch »The City of Women« (brasilianisch: A Cidade das Mulheres[10]) widmete.

Die Trancen kommen, die Frauen schütteln und winden sich, einige stoßen spitze Schreie aus. Eine ältere Frau neben mir ergeht sich in ruckartigen Seufzern, während ihre Augen rollen und der Körper sich versteift. Sie schwankt, droht zu stürzen. Die Mãe de Santo beruhigt sie, hält sie in ihren Armen.

Merkwürdiges geschieht – auch mir, hier an diesem Strand. Ein Gefühl, das ich aus früheren Besuchen in den Terreiros kenne. Ich bin starr, voller Bewunderung, voller Staunen. Ich fühle Ehrfurcht und Scheu. Ein kosmisches Gefühl überkommt mich. Ja, ich bin fasziniert und ergriffen. Ich sehe, ich verharre, ich wundere mich, die Zeit ist außer Kraft gesetzt.

Dennoch möchte ich nicht inkorporieren. Nicht, weil ich es nicht gelernt habe. Eher, weil ich mich mit meiner Rolle als Fremder längst abgefunden habe und jetzt froh bin, immerhin meinen Verstand noch dirigieren und gebrauchen zu können, der mir in dieser Atmosphäre der fortgesetzten Entgrenzung noch so etwas wie Überblick verschafft.

Trance und Besessenheit

Der Begriff »Trance« inflationiert in unserem Kulturkreis seit Jahren und hält für alles Mögliche her. Ich bevorzuge zur Charakterisierung dieses außergewöhnlichen psychischen und physischen Zustands das Wort »Inkorporation«, was auch präziser ist: Der Orixá, in der Umbanda auch der Geist, dringt nach dem Glauben der Initiierten, durch Trommelfeuer und Anrufung angelockt, in deren Körper ein. Er benutzt die Menschen als »seine Pferde«, wie ein in Brasilien vertrautes Bild lautet, um in ihnen zu leben, zu atmen, zu tanzen, wie ein Mensch mit dessen körperlichen Gebrechlichkeiten, aber auch mit Verzückungen. Gleichzeitig hinterlässt er im Menschen seine Kraft. So erfolgt der für diese Religionen so bedeutsame Kräfteaustausch zwischen dem Diesseitigem und dem Jenseitigem.

Synkretistischer Umbanda-Altar: im Zentrum St. Georg, der Drachentöter, der mit dem Orixá Ogum identifiziert wird; rechts unten ein Preto Velho

Der Besessene nimmt zur Stimulierung der Trance weder Drogen noch Alkoholika zu sich – ein in Europa und auch im Spanisch sprechenden Teil Lateinamerikas verbreitetes Missverständnis setzt dies als selbstverständlich voraus –, und nach dem außergewöhnlichen Zustand, aus dem er wieder »erwacht«, spricht und reagiert er vollkommen normal, kann sich aber in der Regel an die Vorkommnisse während der Obsession nicht mehr erinnern. Allenfalls gibt es ein somnambules Gedächtnis, von dem die Portugiesin Irene Marouço, die als Katholikin aufgewachsen und vor Jahrzehnten in Brasilien mit der Umbanda in Berührung gekommen ist, berichtet. Irene schildert mir in einem Interview sehr präzise ihre ersten, noch »unfreiwilligen« Inkorporationen:

»Sie begannen zu trommeln, sehr beschleunigt, sehr pulsierend, sehr schnell. Dabei spürte ich plötzlich eine Vibration. Etwas wuchs. Ich wuchs. Mein Nacken wurde groß, auch mein Kopf. Eine unglaubliche Sache. Doch es gibt Zeiten, in denen der Kultvorsteher nicht will, dass ein Medium einen Orixá verkörpert. Er will es erst, wenn er die Erlaubnis dazu gibt. Aber es gelang mir nicht, das auszuhalten.

Ich hätte am liebsten drauflosgeheult. Und unwillkürlich überließ ich meinen Kopf dem Orixá. Ich drehte mich ..., drehte mich ..., der Terreiro drehte sich ..., ich wuchs, wurde sehr groß – es war dieser Eindruck, den ich hatte, obwohl mir klar war, dass ich durchaus noch die gleiche Person blieb –, aber wiederum verstand ich nicht, was los war. Denn ich war noch sehr neu im Kulthaus. Ich fragte natürlich den Kultvorsteher nach meiner Reaktion, nach diesem Gefühl. Und er sagte mir, dass ich eine Tochter von Ogum bin, des Orixá des Krieges, dass ich eben selber eine Kriegerin bin, eine Frau des Krieges und der Schlachten. Der Kultvorsteher sagte, ich solle im Terreiro bleiben, dort arbeiten und Nächstenliebe ausüben. Ich blieb in der Gemeinde und nahm an den Zeremonien regelmäßig teil. Das Symptom von Ogum ist sehr eigen: Wenn die Trommeln geschlagen werden und die Ausrufer und Sänger Ogum begrüßen mit »Saravá Ogum«, dann spüre ich schon seine Nähe.

Schon spüre ich eine ungeheuere Kraft, die ich als Person doch gar nicht habe, denn ich fühle mich sonst nie sehr stark. In diesen Momenten aber habe ich eine ungeheuere Kraft, und mein Körper kommt mir groß und muskulös vor. Und er dreht sich oft. Dreht sich, dreht sich. Hat eine Atmung, die nicht die meine ist. Es ist eine Atmung, die eine sehr wilde, sehr temperamentvolle Person hat. Es ist ein unverwechselbares Symptom, wo ich genau weiß, das ist die Anwesenheit von Ogum in mir als seinem Medium.«

Irene empfing nicht nur Ogum, den afrikanischen Orixá des Krieges; als Umbanda-Anhängerin kamen auch ein indianischer Cabôclo und ein Preto Velho (in der spiritistischen Umbanda die beiden klassischen Ratgeber aus dem Jenseits) zu ihr. Irene sagt mir: »Und eines Tages empfing ich zum ersten Mal meinen Indio, der mir auch sehr gut gefällt. Er ist sehr wild und sehr temperamentvoll. Wenn hingegen mein Preto Velho kommt, fühle ich mich wie ein gutes und liebes altes Mütterchen. Mein Preto Velho ist sehr lieb, nennt alle Welt seine Kinder, umarmt alle. Er ist zärtlich und anbetungswürdig. Ja, ich bete meinen Preto Velho an... Der Preto Velho ist eine Melodie, eine große Musik, etwas ganz selten Schönes, eine Hymne, das Licht des ganzen Terreiro.«

Man hat versucht, Besessenheit und Trance – freilich sehr pauschal und unter Verzicht auf innere Vorgänge und religiöse Verzükkungen – mit Endorphinen zu erklären, mit den Nervensubstanzen, die eine ähnliche Wirkung wie das Morphium haben, und die unter den Bedingungen höchster Anstrengung vom menschlichen Körper selbst erzeugt werden. Ich halte das für einen rationalistischen Erklärungsansatz, der Jogging mit Trance in eins setzen will und im Grunde nichts erklärt. Zweifellos hat der fordernde und zwingende, den Geist herbeirufende Trommelrhythmus, eine die Trance begünstigende Wirkung. Wenn aber Tanzbewegung und Muskelreizung als Endorphinpumpe verantwortlich wären, so bliebe unklar, weshalb die Trance auch im ruhigen Zustand, quasi überfallartig eintreten kann.

Das kommt im Terreiro immer wieder vor. Auch hier am Strand, an dem eine am bisherigen Geschehen weit gehend unbeteiligte Frau ganz plötzlich zu hüpfen und zu schreien beginnt. Die Gehilfin, die hier *Mãe pequena* (wörtlich kleine Mutter) genannt wird, geht auf sie zu, klingelt mit einem metallenen Glöckchen in ihr Ohr, nimmt sie in ihre Arme, worauf diese aber ganz ungezügelt reagiert und auf dem Sand herumhüpft, von ihrem Geist besessen. Die Mãe pequena schüttet ihr dann aber Wasser ins Gesicht, womit sie, einem überall praktizierten Abwehrritual folgend, den Orixá oder Geist wieder verscheucht.

Heftige, plötzliche Besessenheitsattacken werden als »Überschreitungen« der Orixás oder Geister gedeutet: Sie vergessen die »Schwäche ihrer Pferde«, wird gesagt und toben sich ganz einfach aus. Man nennt dieses Phänomen auch »wilde Inkorporation« oder »wilde Obsession«, die oft auch als Erwählung einer jüngeren und unerfahrenen Person vonseiten des Orixás gedeutet wird, und gegen die man sich nur durch eine umfassende und längere Ausbildung und Initiation, wie im Candomblé üblich, zu schützen lernt. Die Umbanda-Medien hier sind wenig ausgebildet, meist haben sie ihre Fähigkeit zu inkorporieren, wie wir es auch bei Irene gesehen haben, »em pé«, im Stehen, wie man sagt, und ohne langsames und allmähliches Hinführen gelernt.

Die kollektiven Elemente der Zeremonie fehlen nicht völlig, sind jedoch in ihrer Bedeutung gegenüber dem Candomblé stark eingeschränkt. Beim Candomblé sind die Initiierten gleichzeitig Zeugen eines kosmisch-magischen Geschehens, in dem sich die Theogonien und Mythen der anwesenden Orixás wiederholen. Hier aber stehen doch in erster Linie die heilenden und kurativen Momente im Zentrum: der Umbandist will an Leib und Seele gesunden und gesund bleiben. Mehr noch, er will sich nicht nur vor Krankheit, sondern vor allen feindlichen Kräften schützen und dauerndes Glück erlangen (Letzteres verspricht ihm auch der spiritistische Anteil seiner Religion). Diesen unbestritten utilitären Charakter der

Umbanda vermag ich allerdings nicht zu tadeln: Ein wesentlicher Bestandteil von Religion ist immer auch das Heil, und Heil kommt von »heilen«, von den Uranfängen der Religionsgeschichte an, auch und gerade in archaischen Gesellschaften. Krankheiten sind, wie Mircea Eliade zeigt, oftmals schon Initiationen und Offenbarungen, können in archaischen Gesellschaften als außergewöhnliche Erlebnisse[11] selbst die Erwählung und Berufung des Schamanen hervorrufen, »haben also den Zweck, den profanen Menschen von vor der Erwählung in einen Handhaber des Sakralen zu verwandeln«[12].

In diesem rauschhaften Geschehen vergehen die Stunden, bis sich die komplette Szenerie verwandelt: Die Kultvorsteherin, die, wie ihre Mãe pequena, nicht selbst inkorporiert, schreitet ein und beendet die Zeremonie. Die Frauen gehen auf die Gemeindemitglieder zu und bieten ihnen »Konsultationen« an, wobei sie sogleich von mehreren Personen, die außerhalb des eingezäunten Bezirks auf sie gewartet haben, geradezu umzingelt werden. Die Medien erteilen ihre Konsultationen mit Ratschlägen und in Gesprächen. Auch das ist für die Umbanda charakteristisch: Die in den Medien inkorporierten Geister sprechen aus ihnen. In diesem Sinne handeln die Medien wie »eingeweihte« Priesterinnen, welche in ihren Konsultationen die gerade empfangenen Botschaften aus dem Jenseits »übersetzen«. Reinigungs- und Purifikationsrituale schließen sich an: Einige Medien »reinigen« die Adepten, indem sie von deren Körper und Kleidung pathogene, nicht sichtbare Gegenstände entfernen. Dabei erlebe ich auch bei diesen bisher weit gehend unbeteiligten Menschen leichte Trancen und Verzückungen.

Die Nacht war schön, nicht nur als »Einstiegsdroge«. Unter den gesungenen Pontos wird schließlich das festlich geschmückte, mit Geschenken und Fürbitten gefüllte Boot für die Meeresgöttin dem starken Wellengang überantwortet.

Das Fest der Millionen

Die nächste Nacht aber, Sylvester, ist ein Ereignis von Millionen, die hier zusammenkommen. Von besonderem Reiz ist das »mythologische Durcheinander«, bei dem sich kaum einer auskennt. Alle Kulte sind hier vertreten, nicht nur die zahlreichen Umbandagemeinden. Bereits am Nachmittag treffen die Menschen in Scharen ein, bringen Votivgerichte, zumeist Süßspeisen mit, bauen Altäre aus Sand und schmücken sie mit weißen Rosen, weißen Lilien, stellen die Kultspeisen in Schälchen und kleinen Tellerchen bereit.

Seife, Parfüm, Kämme und Spiegel sind ebenfalls beliebte Geschenke für eine eitle Göttin. Nach Einbruch der Dunkelheit entfaltet sich das anarchische Nebeneinander der verschiedensten Kulte in ihren Terreiros im Freien. Trancen, Inkorporationen sind dann überall zu sehen.

Ein besonderer Brauch besteht für viele darin, ein kleines silbernes Boot zu basteln oder im Kultladen zu kaufen und das Boot mitsamt den Blumen, Geschenken und Votivgerichten dem starken Wellengang zu überlassen. Die »Göttin« nimmt die Gaben an, wenn die Wellen das Boot verschlingen. Die »Göttin« weist die Gaben ab, wenn das Boot an den Strand zurückgeworfen wird.

Weiß, die Farbe von Leben und Tod, von Freude und Trauer, ist hier die einzig benutzte Kleiderfarbe. Weiß, makelloses Weiß: Das ist gleichzeitig die Farbe von Oxalá, dem mächtigsten Orixá, der über Anfang und Ende aller Dinge herrscht, während Iemanjás' Farben Silber sowie Blau und Grün, die Farben des Meeres, sind.

Zur Machtfülle und kosmischen Energie Iemanjás sagt mir die Kultvorsteherin Yá Marinete mit inbrünstiger Übertreibung: »Wir huldigen Iemanjá, der Herrscherin der Welt. Wir nennen sie auch Mutter der Welt, Odô Iá, die Energie, die alle anderen Energien geschaffen hat. Ohne sie gäbe es nichts. In dieser Nacht der Iemanjá rühmen wir sie, indem wir den Reichtum und die Schönheit des Meeres preisen. Für uns ist Iemanjá die Mutter der Welt. Weil es in unserem Körper mehr Wasser gibt als irgendeine andere Form von Materie. Der Geist der Menschen gehört Iemanjá. Darum bitten wir sie, dass sie uns durch ihre kosmische Energie besänftigt.«

Iemanjá gehört zum Archetyp der Großen Mutter, an die die Fürbitten der kommenden Nacht gerichtet werden. Gleichwohl ist sie immer schon synkretistisch überlagert, wie ihre brasilianische Umdeutung und die nochmalige Umformung im Marienkult oder die eben zitierte, fast um »wissenschaftliche Akribie« bemühte Rede der Yá Marinete zeigen. Und auch das Fest und seine Verankerung im Kalender bieten Anlass dafür, die Fürbitten gerade auf das neue, kommende Jahr zu beziehen und haben mit Archetypen wenig gemein.

Wir befinden uns hier mitten in der Zivilisation, auch wenn die ersten Trancen bald schon einsetzen und diese ganze Nacht vom Trommelfeuer und von den heftigsten Obsessionen beherrscht werden wird, die ich je gesehen habe. Wer Rios erschreckende Wolkenkratzer zum ersten Mal sieht, vergisst diese Zivilisation so schnell nicht. Doch hat ja die Sylvesternacht auch bei uns, selbst in den profansten Kreisen, noch den Hauch eines Passagerituals. Das Geschehen verdichtet sich auf wenige, vielleicht unvergessliche Augenblicke, die alte Zeit muss überdacht, Pläne für die Zukunft müssen geschmiedet und die Projektionen und Wünsche auf die neuen Ziele fokussiert werden.

Wir lassen dazu die Sektkorken knallen, stellen uns vielleicht ans Fenster, sehen in die Winternacht hinaus oder blicken den Feuerwerkskörpern nach. In früheren Jahrhunderten hatte das Brauchtum auch bei uns noch ausgesprochen magische Züge, obgleich es zu keiner Zeit religiös genannt werden konnte. Stattdessen gab es über Jahrhunderte hinweg tradierte Methoden, das Orakel zu lesen und das Glück buchstäblich herbeizuzwingen. In manchen Gegenden stellte man sogar Speisen für die Toten bereit[13] oder heizte »den Ofen besonders stark, damit die ruhelosen Seelen nicht frieren«[14].

Hier freilich ist alles anders, nicht nur das Wetter. Und Iemanjá ist von einer unüberbietbaren Bedeutungsfülle. Trotz ihrer teilweise christlichen Uminterpretation, die auf dem »Marienbild« besonders anschaulich wird, wird sie – nicht nur in dieser Nacht – als eine afrikanische, archaische und chthonisch-mächtige Gottheit gefeiert.

Archaisch ist sie, da sie auch zu einer gefährlichen Kraft, zu einem sirenenhaften Wesen werden kann, das seine Kinder ins Meer lockt und mit tödlicher Umklammerung an den Meeresgrund zieht. Die Mães de Santo, die Kultvorsteherinnen der Gemeinden, ermahnen ihre Töchter immer wieder, dem Ruf der Iemanjá zu widerstehen und nicht ins tiefe Wasser zu gehen.

Da gerade im Ozean bei Rio de Janeiro eine starke Sogwirkung und Strömung ins offene Meer hinaus vorherrscht, kommt es immer wieder vor, dass Schwimmer und Surfer ertrinken und Boote ins Meer hinausgetrieben werden, und die Gerüchte um eine gewaltsam liebende, zur Tötung entschlossene Muttergottheit verstummen nie.

Besonders spektakulär war der Schiffbruch eines mit Schaulustigen überladenen Beobachtungsschiffs in der Nacht der Iemanjá Ende der achtziger Jahre, bei dem die Menschen in Scharen ertranken und nur ganz wenige sich schwimmend retten konnten. Auch die Gläubigen selbst trugen bereits ihrer mit tödlicher Gewalt liebenden Meeresgöttin Rechnung, wie die zwar seltenen, aber spektakulären Fälle von Menschenopfern belegen. Der afrobrasilianische Pantheon verfügt über doppel- und mehrdeutige Kräfte des Übernatürlichen. Diese Orixás sind weniger tugendhaft als die Gottheiten der klassischen Hochreligionen; sie sind oft lasterhaft und sanft, lebenshungrig und träumerisch, sie sind, kurz gesagt, Ebenbilder der Menschen. Iemanjá ist überdies eine Frau mit Schicksal: Sie wurde der Legende nach von ihrem Sohn Orunga vergewaltigt, öffnete daraufhin ihren Bauch und gebar die Weltmeere sowie einige bedeutende Orixás.

Iemanjá übt auf die Gläubigen eine unwiderstehliche Anziehungskraft aus: nicht nur wegen ihrer vorgestellten Grazie und

Macht und auch nicht nur im Hinblick auf die ödipale Ursituation, die Schicksal und Schöpfungsakt zugleich war. Ihr Charisma hat ganz offensichtlich auch mit dem Meer zu tun, das hier an die Küsten brandet. Iemanjá verkörpert im Glauben dieser Menschen, die mehrheitlich Schwarze sind, dieses Meer. Und: Auf der anderen Seite des Ozeans liegt Afrika, ein Kontinent, älter als sein Name, so alt, dass er mit diesem Amerika einmal verbunden war, bevor die Kontinente sich spalteten und auseinandertrieben. Dort, aus der »Terra da vida«, aus dem Land des Lebens, wie die Nachfahren der verschleppten Sklaven immer mit einem Hauch von Nostalgie sagen, liegt ihr eigener Ursprung genauso wie der von Iemanjá.

Das Wort »Afrika« hat bei den Kulten immer auch eine mystische Bedeutung: als Herkunft der Orixás, als Ort des Friedens, der Sehnsüchte, des Einklangs mit der Natur, ja als eine Art Paradies. Es ist bekannt, dass sich Sklaven getötet haben in der Hoffnung, nach ihrem Tod nach Afrika zurückkehren zu können.

Eintauchen in den Synkretismus

Von den mit den weißen Eroberern in Berührung gekommenen Indianern Mittel- und Südamerikas wird früh und seit den Anklagen des Dominikanerpaters und späteren Bischofs im mexikanischen Chiapas, Bartholomé de Las Casas, drastisch und spektakulär berichtet, dass sie sich massenhaft umgebracht haben. Dennoch haben die Überlebenden den Glauben ihrer Eroberer angenommen, wenngleich die christliche Missionierung auch heute, nach fünfhundert Jahren, noch immer nicht als »abgeschlossen« bezeichnet wird. Denn die Bekehrten glauben ja nicht oder zumindest nicht in jeder Glaubensfrage das, was sie eigentlich glauben »sollen«. Unter und hinter den Altären bewahren sie die Erinnerung an die Gottheiten ihres alten Pantheons auf, und dies trotz der rigorosen Vernichtungsaktionen der Eroberer – der berüchtigten *Extirpaciónes de las Idolatrías* – gegen »Götzendienste« und sakrale Gegenstände aller Art.

Der lateinamerikanische Subkontinent ist von religiösen und kulturellen Mischsystemen durchdrungen. Seine Bewohner erscheinen uns daher bei näherem Hinsehen ausgesprochen religiös. Die Bevölkerung des Subkontinents ist mehrheitlich »arm und gläubig ... Alles, was diesen Kleinen und Gedemütigten widerfährt, wird von ihnen unmittelbar religiös gedeutet. Alles ist gracia o desgracia – Heil oder Unheil ..., alles kommt einem von Gott und den Heiligen zu, von Mutter Erde (*Pacha mama*) und dem indianischen Gott *Apu*, von den Gottheiten des afrikanischen Pantheons ebenso wie von synkretistischen Halbgöttern jeder möglichen Verbindung.«[15]

Jeder Synkretismus ist eine die Menschen mitreißende Mischung aus zum Teil eigenen, zum Teil fremden und gegensätzlichen Elementen. Allerdings ist sein Entstehungszusammenhang von der Gewaltfrage nicht zu trennen; auch war die Berührung mit den fremden religiösen und kulturellen Einflüssen alles andere als freiwillig. Er zeigt sich allerdings nicht als Folklore, ist nicht Kitsch, er entspricht archaischen Urbildern der Menschheit, die neu gemischt und neu interpretiert werden. Völker und Traditionen prallen aufeinander, um dann wie Wasserfarben ineinander zu fließen. Dass dabei auch von Gewalt – zumal der weißen Europäer – gesprochen werden muss, ist die eine Seite. Die andere aber ist die ungeheure Fülle und Pracht, wie sie sich zumal am Iemanjá-Strand Rios oder in Salvador entfaltet.

Erstaunliche Parallelen: der Synkretismus der indianischen Welt

Synkretistische Glaubensformen existieren auch bei den indianischen Erstbewohnern des südamerikanischen Subkontinents. Präkolumbianische Mythen der Hochlandindianer in den Andenländern Bolivien, Perú und Ecuador leben neben dem christlichen Glauben, bei näherem Hinsehen aber doch eher mit ihm fort. So ist der *Pacha mama-Kult* und somit die Verehrung der Großen Mutter Erde, die insbesondere in der ausgeprägten Naturverbundenheit der Indígenas zum Ausdruck kommt, rudimentär zumindest, erhalten geblieben. Und wie wir es am Beispiel der afrikanischen Iemanjá gesehen haben, wird auch die – meist allerdings als alte, nicht mehr attraktive Frau – personifiziert vorgestellte Pacha mama mit der Gottesmutter Maria identifiziert. In Brasilien wie in den Anden wird augenfällig: Die jeweils mächtigste, jenseitig gedachte Kraft unter den Frauen wurde mit der wichtigsten katholischen Heiligen zu einer Einheit verschmolzen. Andere Verbindungen dieser Art erscheinen eher zufällig und erhellen sich nur, wenn man die Hintergründe genau kennt. So wurde der mächtige indianische Donnergott Illapa mit Santiago, dem Heiligen Jakob, identifiziert. Dadurch wurde Jakob im Vergleich zu seinem Bekanntsheitsgrad in der übrigen christlichen Welt enorm aufgewertet; er genießt im Andenraum ein Ansehen, das nur vor dem Hintergrund plausibel wird, dass dessen Apostelgrab, in Santiago de Compostela in Spanien gelegen, seit dem Hochmittelalter neben Jerusalem und Rom als das bedeutendste Pilgerziel der Christenheit gegolten hatte, und die spanischen Eroberer diesem Heiligen – auch in der Neuen Welt – eine Bedeutung beimaßen, die er vergleichsweise nirgendwo sonst hat. Auf ähnliche, auf den ersten Blick zufällig erscheinende Verschmelzungen von christlichen Heiligen mit afrikanischen Orixás werde ich noch eingehen.

Synkretismus und die Frage der religiösen Identität

Indianische und westafrikanische Religionen

Es wäre aufschlussreich, eine kulturanthropologisch fundierte Untersuchung des Vergleichs dieser indianischen mit der westafrikanischen Yorubá-Religion durchzuführen, dabei von den ursprünglichen Traditionen auszugehen und danach zu fragen, wie sie sich unter dem Einfluss der Übernahme fremder, in erster Linie christlicher Religionselemente verändert haben. So reizvoll diese Aufgabe auch wäre, ihre Durchführung ist nicht möglich. Beide archaischen Religionssysteme wurden von schriftlosen Völkern praktiziert, die zur widerspruchsfreien Beantwortung aller interessierender Fragen keine hinreichenden Quellen hinterlassen haben. Andererseits haben sich in den Wirren der Sklaverei mehrere afrikanische Religionen schon in Afrika, vor der Verschleppung der Sklaven – möglicherweise auch dort schon unter christlichem Einfluss – miteinander vermischt und sind selbst schon als diverse Mischsysteme nach Brasilien gekommen. »Welche von diesen Religionen in welchem Ausmaß Einfluss auf die Bildung der afro-brasilianischen Religionen genommen haben, lässt sich nicht mehr genau nachvollziehen.«[16]

Jedoch sind Analogien zwischen den *alten* indianischen Religionssystemen und westafrikanischen Religionen, gerade auch der Yorubá-Religion, unübersehbar, insbesondere bei den Elementen von Heilung und Opferritual, weißer und schwarzer Magie, möglicherweise auch bei dem Ritualismus des Gebens und Nehmens und im Kult der Toten- bzw. Seelenspeisung. Das mag auf den ersten Blick erstaunen, lässt doch das tropische Schwarzafrika der Yorubá mit der in immerwährende Melancholie eingetauchten Welt der Hochlandindianer kaum Gemeinsamkeiten vermuten. Immerhin entstammen beide Gesellschaften alten Hochkulturen, die des »archaischen Kaiserreichs« der Inka und der nicht weniger bedeutungsvollen Königreiche der Yorubá, die gegenüber akephalen Verbänden oder kleineren Häuptlingsgesellschaften relativ straff und hierarchisch organisiert waren. Dabei allerdings waren die individuellen Freiheiten in der Gesellschaftsstruktur der Yorubá, zumindest in den »guten« Zeiten des europäischen Mittelalters und vor Beginn der von Europa ausgegangenen Kolonisierungsepoche, viel eher gewährleistet als bei der zwar fürsorgenden, aber doch auch rigiden Inka-Herrschaft in den Anden.

Eine direkte Berührung dieser beiden Kulturen hat es indes nie gegeben. Zu Mischformen afrikanischer Religionen mit archaischen indianischen Kulturen kam es nur dort, wo entlaufene Sklaven oder Ansammlungen von Schwarzafrikanern mit diesen Ethnien in Kontakt getreten sind.

Die in Brasilien entstandene *Umbanda-Religion* hat jedoch die indianische Herausforderung längst für sich entdeckt. Zwar entspricht die Figur des Cabôclos als Totengeist der Umbandisten einem glorifizierten Ideal des Tiefland- und Urwaldindianers, doch hat die fortgesetzte Beschäftigung von Umbanda-Autoren mit indianischen Glaubensvorstellungen längst auch die indígenen Kulturen der Anden erreicht. Über dieses Kulturareal ist gesichertes Wissen noch am ehesten verfügbar, und in vielen Fällen lassen sich Parallelen auch zu den segmentären indianischen Gesellschaften der Tiefland-Indianer erschließen, bei denen man sonst nur auf die spärlichen Berichte von Ethnologen zurückgreifen kann.

Der heilende Umgang mit Pflanzen und Kräutern sowie die diesem entsprechende magische Suggestivwirkung wird aus allen indianischen und westafrikanischen Kulturen berichtet. Der Zugang dazu setzt Spezialisierung voraus, wird jedoch in den Anden kaum oder jedenfalls in geringerem Ausmaß als im heutigen afrobrasilianischen Candomblé als absolutes Geheimnis gehütet. Die Trance des (meist früheren) indianischen Schamanen und (heutigen) Heilers wurde stets durch starken Gebrauch von Tabak und anderen narkotisierenden Mitteln unterstützt. Der Schamane ging dabei auf Seelen- und Himmelsreise und traf dort mit Göttern oder gottgleichen Mächten und Kräften zusammen[17]; es erfolgten jedoch *keine* Inkorporationen der für die afrikanische Yorubá-Religion typischen Art.

Heilende und kurative Praktiken waren also für die indianischen wie für die schwarz-westafrikanischen Religionssysteme charakteristisch. Und so bewirkte auch der Wechsel des Gebens und Nehmens den Kräfteaustausch mit dem Göttlichen. Die Menschen gaben, indem sie opferten: So das Blut- und Tieropfer für Pacha mama und die *Mesa* (ein je nach Anlass dargebrachter Opfertisch) für die jeweils angerufene Gottheit. Gegeben wurde, damit die Bitten der Menschen erhört werden, andernfalls forderten und verlangten sie. Manchmal bestand die Mesa bereits aus diesen beiden Teilen: »Im ersten Teil wird der Gottheit zum Voraus gedankt, und im zweiten Teil erfolgt dann die eigentliche Beschwörung. Der erste Teil verehrt, und der zweite fordert.«[18] Der Grundsatz von Geben und Nehmen bestimmt auch die Religionen der Ankömmlinge der dritten, der schwarzen, nämlich afrikanischen Hautfarbe auf diesem Kontinent; zwar setzt er sich weniger gradlinig und zwingend durch, ist dafür aber noch bedeutsamer: Bei den Yorubá steht er im Zentrum des ganzen Glaubensgebäudes und hat universalistische und kosmische Züge.

Die wichtigste Heilung galt und gilt selbst heute noch in wenigen Regionen in den Anden wie in der Amazonasgegend dem Susto (wörtlich: Schrecken); dieser beruht auf der »Vorstellung von der Krankheit als dem Verlust der Seele, die sich verirrt hat oder von einem Geist oder Wiedergänger entführt wurde«[19]. Die äußeren Anzeichen dieser Krankheit sind unbestimmte Trauer, Appetitlosigkeit, Diarrhö, Depression und Fieber. Am Phänomen des Susto lässt sich leicht zeigen, wie sehr die magische Weltsicht der Indianer das Innen und Außen eines Menschen zusammensieht. Magie ist auch hier in »schwarze« und »weiße« unterschieden, wer sie ausübt, ist entweder ein *Curandero* (Heiler, Medizinmann) oder ein *Brujo* (ein die bösen Kräfte anrufender Hexer).

Bestätigt werden bei diesen Analogien gewisse anthropologische Konstanten über das Wesen archaischer Religionen. Mehr nicht, denn trotz der angeführten Gemeinsamkeiten überwiegen die Unterschiede, insbesondere bei den Riten, Mythen, bei den Kosmo- und Theogonien. Das ist für die in Lateinamerika gegenwärtig heftig diskutierte Frage einer zukünftigen Religionseinheit nicht unbedeutend. Ein solches Universalgemisch[20] allerdings, wie es in Brasilien von Teilen der Umbanda inzwischen angestrebt wird, und wie wir es in Europa aus einigen esoterischen Zirkeln kennen, mögen sich *Menschen oder Gruppen ausdenken* (Eklektizismus), die Prozesse des Synkretismus in Religion und Kultur aber verlaufen nach ganz anderen Regeln. Diese zeichnen sich durch *überindividuelle und zwingende Akkulturationsprozesse* ab, die sich nicht »vorausberechnen« lassen. Auch die zweitausendjährige Geschichte des Christentums stand nicht von »Urbeginn« an unumwunden fest, auch hier sind von außen kommende autochthon-heidnische wie fremde hochkulturelle Einflüsse übernommen worden, ohne dass man zu jedem Zeitpunkt die Entwicklungsrichtung immer klar hätte voraussehen können.

Bedeutsamer ist jedoch die Frage, ob das Christentum dadurch seine Identität verloren hat. Diese Frage ist eindeutig zu verneinen.

Für die indianisch-andine Situation im Blick auf die indianischen Urreligionen müsste die gleiche Frage allerdings bejaht werden, und dies nicht etwa allein deshalb, weil nahezu alle Hochlandindianer christlich getauft sind und sich auch die übrigen Sakramente spenden lassen. Es wäre ja auch denkbar, dass dies nur oberflächliche Attribute sind, denen keine lebendige Glaubenspraxis entspricht. Das Gegenteil ist der Fall: Die integrative Verarbeitung der christlichen Fremdelemente hat die autochthonen indianischen Glaubensvorstellungen nicht nur verändert, sondern vielmehr weit gehend verdrängt und die Indianer zu Christen gemacht, die gleichwohl noch einige chthonische Riten mit geradezu zwingender Notwendigkeit praktizieren.

Ganz anders der Candomblé: Er ist zwar nicht »reines Afrika«, für das er auch immer wieder, nicht selten sogar von Befreiungstheologen, gehalten wird, er ist vielmehr ein Produkt der Mischung mehrerer afrikanischer Religionen mit kulturell dominantem Yorubá-Anteil – unter Einfluss des Katholizismus und geringfügig auch indianischer Fremdelemente –, aber er hat *seine Identität als eigenständige Religion* bewahrt. Auch Candcombléanhänger und sogar deren Kultvorsteher betonen die Relevanz der katholischen Taufe oder einer Totenmesse für die Verstorbenen[21], diese aber bleiben Beiwerk und Ergänzung einer anderen, vom Candomblé deutlich getrennten Religion.

Candomblé-Anhänger mögen sogar selbst Katholiken sein und im Wege der Zweitreligion beiden Glaubensrichtungen anhängen, das ändert jedoch nichts an der Eigenständigkeit ihres Kults mit deutlich vom Katholizismus abgegrenzten Glaubensinhalten. Diese religiöse Eigenständigkeit fehlt aber in den andinen Kulturen. Es gibt Hexer und Heiler, aber es gibt neben dem Katholizismus oder den von Nordamerika herkommenden Sektenbewegungen keine institutionalisierte Form des Glaubens, keinen gemeinsamen Kult. Katholisch ist die absolute Mehrzahl der andinen Indianer, auch dann, wenn sie mit ungebrochener Kraft noch an einzelnen archaischen Riten festhalten.

Todesriten

Gradmesser für diese Frage der Eigenständigkeit und Identität sollen bei der folgenden Betrachtung die Todesvorstellungen und die den Tod eines Menschen begleitenden Riten sein, die sich bei den Indianern wie bei den Anhängern der afrobrasilianischen Religionen gegenüber früheren kulturellen Wurzeln spürbar verändert haben:

In den Anden existiert in manchen Gegenden noch der Kult der *»Totenspeisung«*. Nach altem indianischen Glauben stirbt der Körper des Toten ab, nachdem die Seele sich von ihm gelöst hat. Die Seele weilt durchaus noch unter den Lebenden, sie wandert, meist ruhelos, an den Plätzen umher, an denen der Mensch zu Leibzeiten gern verweilte. Sie übt eine machtvolle soziale Kontrolle über die Lebenden aus – kann diese sogar züchtigen –, weshalb sie gefürchtet wird und man sie, womöglich seit Jahrtausenden schon, durch Speise- und Trankopfer besänftigt und »zufriedenstellt«. Dieses Opfer für die Toten findet selbst heute noch statt, ist allerdings unter christlichem Einfluss ein Fest der Liebe geworden, das seinen Höhepunkt im gemeinsamen Mahl von Lebenden und Toten am christlichen Allerseelentag hat. Dabei graben die Indianer in einigen Regionen der Anden ein Loch in die Graberde, in das sie Speise und Trank für die Toten hineinschütten. Sie praktizieren diese Riten heute in dem Bewusstsein, (ansonsten) vorbildgebende fromme Christen zu sein. Die Umwandlung der Besänftigungsgabe zeigt sich insbesondere am »Kannibalismus aus Liebe«, bei dem sie dem Toten die neu in der Familie angekommenen Kinder in Form eines *Guaguas*, einer Brotfigur, mit Augen, Nase und Mund bemalt, vorstellen: Die Brotfigur stecken sie in die Graberde in der Hoffnung, die Seele des Toten würde daran knabbern und das Kind in sich aufnehmen, es auf diese kannibalische Weise kennen und lieben lernen. Am Ende der außerordentlich anmutigen familiären Friedhofsfeier, die die lebenden wie die toten Familienangehörigen umfasst, macht man »chupes«, Besäufnisse, und alle gehen als Betrunkene unter Betrunkenen nach Hause. Diese Riten sind in ihrem Ursprung uralt und unter dem sie verändernden Einfluss des Katholizismus erhalten geblieben. Selbst dort, wo die Indianer von den nordamerikanischen fundamentalistischen Sekten (erneut) bekehrt wurden, leben die Riten fort, auch hier wird an den Gräbern die gleiche Zeremonie abgehalten. Die zum Fundamentalismus Bekehrten lassen lediglich das Besäufnis wegfallen, da die evangelikalen Prediger den Alkohol als nicht von Gott gewollt verbieten.

Die katholischen Priester dieser Regionen untersagen, soweit ich das gesehen habe, den Indianern ihre besonderen Riten keineswegs. Sie segnen die Speisen und Gaben, die dem Toten anschließend überbracht werden, auch in der Kirche. Sie sehen wohl die kulturelle Differenz, aber sie reden von ihr auch voller Bewunderung, weil die Indianer etwas »als religiöses Prinzip wahren, mit dem sie einen Ritus am Allerseelentag erfüllen: das Dienen, die Vereinigung mit den Verstorbenen bei ihren Gräbern, dort wo sie beerdigt sind«[22]. Dass es im Glaubensverständnis des Einzelnen auch zu Verunsicherungen kommen kann, mag niemand verwundern. Danach gefragt, wo denn die Seelen eigentlich wohnen, ob unter den Lebenden oder im Grab oder wo sonst, werden die Missionierten zunächst verlegen, sprechen sich dann aber dezidiert für den »volkschristlichen« Himmel aus, indem sie beteuern, die Seelen wohnten selbstverständlich und eigentlich bei Gott. Zuweilen werden sie auch misstrauisch und verweigern die Auskunft, weil sie eben doch wissen, dass sie anders sind als es die weißen oder mestizischen Christen erwarten, auch weil sie eher einmal Pacha mama zu der Gottesmutter Maria sagen oder ihnen ein Ausruf entfährt, der einem ganz anderen, den übrigen Christen vollkommen fremdem Kulturkreis entstammt.

Im afrobrasilianischen Candomblé ist der Totenkult weit weniger bedeutsam, als er es in Afrika gewesen war. Denn dort war er an die Zugehörigkeit des Einzelnen zu einer Stammesgemeinschaft und deren Ordnung geknüpft. Stämme aber gab es in Brasilien nicht mehr – die Sklaven wurden enttribalisiert –, und die alten Clans, aus dessen Ordnungsgefüge sich der Ahnenkult herleitete, waren weggefallen. Der *Axexê* allerdings, das ganze Tage lang währende Beisetzungszeremoniell, ist ein unverwechselbarer Bestandteil der aus Afrika sich herleitenden Candomblé-Religion, auch wenn er, wie so oft, durch eine katholische Totenmesse abgeschlossen wird. Ebenso die Begegnung mit den toten Ahnen, die Zeichen geben und Fragen beantworten, die Speisung der *Eguns*, der Seelen der Verstorbenen, und die Pflege ihrer Gefäße im Terreiro: Das alles sind unverwechselbare Merkmale des Kults, an dessen Eigenständigkeit weder die katholisch-synkretistischen Heiligenfiguren auf den Candomblé-Altären noch die Bestellung einer Messe für den Verstorbenen etwas ändern. Gleichwohl gehören die katholische Kirche und ihre Handlungen für so manchen Angehörigen des afrobrasilianischen Candomblé »zur Realität und können sich auf die Harmonie und die Integration des Lebens positiv oder negativ auswirken«[23].

Weshalb im Candomblé die in Westafrika weit verbreitete und auch im Yorubáland anzutreffende Reinkarnationsvorstellung[24] verloren gegangen ist[25], muss unklar bleiben. Die Forschung scheint an dieser Frage, soweit ich sehe, auch wenig Interesse zu haben. Die unsterbliche Seele des Menschen reinkarnierte in den Vorstellungen der Yorubá nach kurzem Zwischenaufenthalt im *Orun*[26], dem jenseitigen Reich des Unangreifbaren und Übernatürlichen, kehrte danach in einer anderen (ebenfalls menschlichen) Gestalt wieder auf die Erde und »ins Fleisch« zurück. Bei dieser Reinkarnation folgen die Seelen allerdings keinem »Karma-Gesetz« einer »kosmischen Ethik«, das sie für die guten Taten des vergangenen Lebens belohnt und für die Sünden straft. Die Yorubá kennen den Begriff der Sünde nicht. Die Kette der Reinkarnationen gilt dann als beendet, wenn der Geist in die Ahnenreihe aufgenommen wird[27].

Hervorragend imaginierte Beispiele westafrikanischer Reinkarnationen auf hohem literarischen Niveau geben die Romane »Segu« der in Guadeloupe geborenen Afroamerikanerin Maryse Condé[28] und »Das Reich von dieser Welt« des Kubaners Alejo Carpentier[29]. Beide benennen zwar den Vorgang, beschreiben ihn aber nicht aus der Perspektive des »Seelen-Subjekts«. Bei Alejo Carpentiers künstlerisch-ästhetischer Einfühlung ist die vollendete Reinkarnation letztlich eine geschickt mit dem Erzählstrang verwobene Vermutung des Erzählers, während im großen historischen Roman Maryse Condés die Umgebung des gerade Verstorbenen in ein prozesshaftes Geschehen eingebunden ist, an dem mit geradezu zwingender Kraft der Totenvogel, der Fetischpriester, Mutter und Vaterbruder (letztere durch die Zeugung eines neuen Menschen, in dessen Fötus die umherirrende Seele schlüpfen kann) beteiligt sind.

Zum Mysterium und den Geheimnissen des Candomblé[30] gehört der einmal im Jahr praktizierte Egun-Kult auf der Insel Itaparica bei Salvador, der stärker und sehr kraftvoll auf afrikanische Yorubá-Vorbilder zurückgreift: Eguns treten in Masken auf, die sie von Kopf bis zu den Füßen bedecken[31] und sprechen mit gutturalen Stimmen zu den Versammelten, die die Eguns unter keinen Umständen berühren dürfen. Nur vor dem weißen Stock des besonderen Kultvorstehers haben die Eguns Respekt. Sie tanzen temperamentvoll, sind launisch und verlangen Zuwendung und Beachtung. Hier scheint mir noch eine kraftvolle Art des Ahnenkults gepflegt zu werden, wie er in Afrika praktiziert wurde: Eine solche »Maskarade gab den Ahnen einmal im Jahr die Gelegenheit, sich in ihren Nachkommen vorübergehend zu ›inkarnieren‹ ...Nicht in diesen Kult Initiierte sind...überzeugt, die entsprechenden Ahnen leibhaftig vor sich zu haben.«[32]

Eine sehr lebhafte und und zumindest in Teilen vorgenommene Fiktionalisierung des ungewöhnlichen Egunfests gibt João Antônio in seiner Erzählung »Eguns«, die auch in deutscher Sprache erschienen ist[33].

Nach dem Candomblé-Glauben ist es *Iansan*, die Orixá des Windes, die den letzten Atemzug des Sterbenden wegnimmt und mit sich fortführt. Die Affinität Iansans zum Tod ist auch in den anderen afrobrasilianischen Kulten bekannt. Im Terreiro hütet sie die Seelen der Verstorbenen im Balé, dem besonderen Raum für die Toten.

Der Orixá, dem eine initiierte Person geweiht war, entflieht dem toten Körper, was durch eine besondere Zeremonie ergänzt wird: »Es ist in den Candomblé- und Umbandakulten üblich, dass der Priester, der die verstorbene Person initiiert hat, ›seine Hand von ihrem Kopf zieht‹, das heißt, die Initiation rückgängig macht und den Kopf der Person wieder von deren Orixá befreit.«[34]

Komplexe und ganze Tage lang währende Axexê-Zeremonien sorgen dafür, dass die Seele den toten Körper verlässt und in den Orun, den man nur sehr oberflächlich mit dem volkschristlichen Himmel vergleichen kann (darauf werde ich später noch einmal ausführlich zu sprechen kommen), aufsteigt.

Sonderfall Umbanda

In dieser eminent wichtigen Frage der Eigenständigkeit und Identität der besprochenen Religionen bildet die afrobrasilianische Umbanda, zumindest in ganz weiten Kreisen ihrer Bewegung, wiederum den Sonderfall, die absolute Ausnahme. Ihr Auftreten wirkt wie eine Provokation, denn sie propagiert »Mischung par excellence«. Ihre Identität scheint sich gerade durch die große Vermischung erst herzustellen. In der Frage der Reinkarnation etwa wirft sie der katholischen Kirche (bei durchaus wohlwollender sonstiger Annäherung an diese) vor, die Wiedergeburt als universell gültiges Prinzip zu verkennen. Ihre eigene Reinkarnationslehre leitet sie aber, abweichend vom sonst anerkannten afrikanischen Ideal, nicht von Afrika ab, sondern entnimmt sie Anleihen aus dem Spiritismus

Allan Kardecs und den ostastiatischen Religionen. So wendet die Umbanda das Karma-Prinzip bei der »Evolution der Seelen« entsprechend den guten Taten des Menschen an, plädiert von hier aus für die Moral der Nächstenliebe als der wichtigsten Tugend sowohl für die Lebenden »als auch für die Geister der ›De-inkarnierten‹«[35], der Verstorbenen.

Durch solche Vermischungen stiftet die Umbanda erhebliche Verwirrungen, selbst in einem mit Synkretismen vertrauten Land wie Brasilien.

Afrikanische Orixás und der indianische Cabôclo

Im Hochland der Anden geht der indianische Bevölkerungsanteil in die Millionen. Nicht so im flachen, einstmals von großen Urwäldern durchzogenen Brasilien, wo die Stämme als Opfer des Kolonialsystems großenteils vertrieben und vernichtet wurden und ihre kulturellen Wurzeln sich verloren haben. Die wenigen verbliebenen Stämme beharren auf ihren archaischen Glaubensformen.

An den Rändern dieser Gegenden entwickeln sich, sofern die Goldgräbermentalität neuer Eindringlinge dies überhaupt zulässt, vermischte Kulte, die jedoch noch stark von animistischen Inhalten der indianischen Naturreligionen durchdrungen sind. *Catimbó* und *Pajelança* sind im Nordosten Brasiliens und im Amazonasgebiet seit langem bekannte Kulte, bei denen es zu Tranceerlebnissen, ganz ähnlich wie bei den aus Afrika stammenden Religionen, kommt. Stimuliert wird diese Trance allerdings durch vorangegangenen intensiven Tabakgenuss und narkotisierende Rauschmittel. Hier haben sich indianische mit afrikanischen und auch mit »volkschristlichen«, am Heiligenkult orientierten Glaubensformen vermischt. Der indianische Einfluss überwiegt zwar, aber der Orixá-Glaube sowie die Heiligenverehrung sind in Ansätzen bereits vorhanden. Im Mittelpunkt der einfachen Riten steht die aus Afrika bekannte Anrufung der Geister, weshalb sich auch schwarze Menschen mit diesen Religionen identifizieren[36].

Der städtische Kult »*Candomblé de Cabôclo*« ist afrikanisch und indianisch zugleich. Afrikanische Gottheiten werden im Cabôclo, dem Geist eines als »wild« heroisierten Indianers, verkörpert. Dieser Geist präsentiert sich der Gemeinde meist in Gestalt des Kultvorstehers, der, mit Federn auf dem Kopf geschmückt, sehr lange, bis zur physischen Erschöpfung, tanzt. Dann schließlich offenbart er sich bzw. offenbaren sich die afrikanischen Orixás, die durch ihn sprechen, der Gemeinde. Ich habe einer solchen Zeremonie beigewohnt, bei der ein Cabôclo umgekleidet wurde und als Exu – der listige Magier und Schelm unter den afrikanischen Orixás – wiederkam. Als solcher deutete er die Zukunft der Anwesenden.

Hier, im städtischen Candomblé de Cabôclo wie in der Umbanda, hat also der Orixá die größere Bedeutung und Macht; in der Umbanda werden die Cabôclos zudem von *Oxossi*, dem afrikanischen Orixá der Jagd, der ihr »Chef« ist, angeführt. Nur sehr vage und vorsichtig kann man also von einem gemeinsamen afro-amero-indianischen Pantheon sprechen. Selbst in der Umbanda sind die als Totengeister vorgestellten Cabôclos den Orixás untergeordnet. Die afrikanischen Orixás haben, zumal in den bedeutenden Millionenstädten Brasiliens, in allen Kulten ein absolutes Übergewicht.

Die Herausbildung der afrobrasilianischen Religionen

»Da hat die afrikanische Kultur sich nicht nur gut eingepflanzt, sondern hat ihre Besonderheiten erhalten, obschon sie dreihundert oder vierhundert Jahre lang immer wieder unterdrückt wurde, sogar bis auf unsere Zeit. Ich sage immer Afrika. Es ist so reich, dass man Afrika nie vergessen darf. Was man primitiv nennt, ist manchmal viel tiefer als die modernste Philosophie.«[37]

Kardinal Dôm Paulo Evaristo Arns, Erzbischof von São Paulo

Versklavung und Verschleppung

Das historisch auswertbare Material zur die Jahrhunderte überdauernden Sklavenwirtschaft ist spärlich, lückenhaft und unsicher. Das gilt für Afrika wie für Brasilien gleichermaßen. Selbst bei der Zahl der nach Brasilien eingeführten Sklaven ist man auf Schätzungen angewiesen, nachdem der brasilianische Landwirtschaftsminister Ruy Barbosa 1890, zwei Jahre nach der in Brasilien außerordentlich spät erfolgten Sklavenbefreiung, alle bis dahin staatlicherseits angesammelten und aufbewahrten Dokumente vernichten ließ, um die Spuren der Sklaverei zu verwischen[38].

Die Schätzungen der Anzahl der versklavten und nach Brasilien verfrachteten Afrikaner schwankten lange – in der Literatur gibt es Zahlenangaben zwischen knapp drei und achtzehn Millionen[39] –, pendeln sich aber auf dem gegenwärtigen Forschungsstand bei 3,6 Millionen Menschen ein[40], das entspricht achtunddreißig Prozent des gesamten Sklavenhandels zwischen Afrika und Amerika[41]. Dieser Menschenraub mit seinen gewaltigen Dimensionen, an dem sich bald nicht mehr nur Portugal und Spanien, sondern auch die Regierungen Englands, Frankreichs, der Niederlande sowie, mit »wechselndem Engagement« auch andere Mächte, europäische Banditen und angesehene Handelshäuser, beispielsweise die Welser, beteiligten, hat die Akkumulation des europäischen Kapitals und damit den industriellen Entwicklungsprozess enorm beflügelt. Die Schiffe fuhren nie leer aus. Von Europa brachten sie Alkohol, Waffen und Fertigwaren nach Afrika und tauschten sie dort mit Riesenprofiten gegen Menschenfleisch ein. Die Sklaven wurden zum Anpflanzen von Zuckerrohr und anderer Monokulturen nach Amerika verfrachtet; die Ernten flossen nach Europa zurück, konnten dort mit hohen Gewinnen abgesetzt und zum Teil neu in das Sklavengeschäft investiert werden. Die Geschichtswissenschaft spricht hier vom Dreieckshandel, an dem drei Kontinente – Europa, Afrika und Amerika – gewinnbringend beteiligt waren und dem die betroffenen Sklaven hoffnungslos unterlagen.

Ohne die Mithilfe der afrikanischen Stammesherrscher und ihrer Helfershelfer wäre dieser wahrhaft gewaltige und gewalttätige Deal nicht zustande gekommen. Freilich wurden diese gegeneinander aufgehetzt, zu Kriegen ermuntert, und aufgefordert, Gefangene zu machen, die dann ja schon gefesselt und »fertig« zur Fracht zur Verfügung standen. Afrika kannte zu dieser Zeit bereits die Institution der Sklaverei, wenn auch vorwiegend als Strafe infolge eines vorausgegangenen Normenverstoßes oder Verbrechens. Sie betraf daher vorwiegend Outcasts und somit nur geringe Bevölkerungsanteile. Das änderte sich aber schlagartig, als die neuen Kolonien in Übersee der arbeitsintensiven Anbaumethoden wegen – die schier unglaublichen Vorgänge um den »Goldrausch« und der Run nach allen möglichen Edelmetallen gesellten sich später als Motive noch hinzu – großen Bedarf an billigen Arbeitskräften anmeldeten und immer wieder die Nachfrage belebten.

Die Portugiesen, seit dem 15. Jahrhundert Vorreiter in diesem Geschäft – sie tummelten sich sogar im entfernten Ostafrika, um das Terrain des heutigen Moçambique für die Zwecke der Sklaverei nutzbar zu machen –, schufen neben dieser »großen Linie« des Sklavenhandels das besondere Modell des direkten Sklavenkaufs zwischen Brasilien und Afrika: Die Sklaven wurden gegen Tabak aus Bahia getauscht; die Schiffe verließen die damalige brasilianische Hauptstadt, das heutige Salvador, mit Tabakrollen und kehrten mit den afrikanischen Sklaven zurück. Allerdings mussten sie zehn Prozent ihrer Tabakladung an die Niederländer abgeben[42]. Die Preise der Sklaven unterlagen dem Kalkül der jeweiligen wirtschaftli-

Ehrfurcht und Ernst kennzeichnen die Candomblé-Zeremonien: der Babalorixá mit einer Initiierten an seiner Seite

chen und staatlichen Effizienzkriterien: »Um 1730 wurden noch über 20 Tabakrollen für einen Sklaven bezahlt, um 1750 kostete ein Sklave durchschnittlich nur noch 8 Tabakrollen«[43]. Salvador wurde zum wichtigsten Einfuhrhafen für die Sklaven und ist es auch geblieben. Die Häfen von Recife, Rio de Janeiro und São Luiz kamen hinzu, haben jedoch niemals die Bedeutung des bahianischen Umschlagplatzes erreicht.

Angehörige ganz unterschiedlicher afrikanischer Stämme, Völkerschaften und Königreiche wurden vom Auftakt des Sklavengeschäfts 1549 bis zur Mitte des neunzehnten Jahrhunderts von Afrika nach Brasilien verschleppt. Dieser Zeitraum deckt jedoch nur die Epoche ab, in der der Handel staatlicherseits sanktioniert war; davor und danach gab es auch noch den wilden und illegalen Sklavenhandel.

Versklavt wurden ausschließlich negride, kraushaarige Menschen mit flacher Nase, breitem schönem Mund und ovaler Gesichtsform: Schwarzafrikaner eben. Die nördlich der Sahara angesiedelten Angehörigen europiden Aussehens blieben von der Sklaverei verschont. Selbst in das Landesinnere des afrikanischen Kontinents drang der Menschenraub vor; dennoch verloren die Regionen entlang der Westküste die meisten Menschen.

Getauft wurden die ersten Sklaven in Afrika, später auf den Sklavenschiffen oder nach ihrer Ankunft in Brasilien, falls sie die Schiffahrt auf den *Tumbeiros*, den »Schiffen wie Särgen«, überhaupt überlebten. Unvorstellbar das psychisch und auch physisch erduldete Leid, das den Gefangenen dort widerfahren ist. Die Sterblichkeitsrate auf den portugiesischen Schiffen erreichte oft dreißig bis vierzig Prozent; Kranke wurden kurzerhand über Bord geworfen. Obwohl niemand auch nur annähernd die Zahlen kennt, bleibt festzustellen, dass weitaus mehr Menschen in Afrika zu Sklaven gemacht wurden, als in Brasilien überhaupt ankamen.

Ideologisch abgesichert war der Menschenhandel nicht nur von der portugiesischen Krone, sondern auch von der römisch-katholischen Kirche. Kirchliche Einrichtungen haben sogar selbst Sklaven beschäftigt und von ihnen profitiert. Zur theologischen Rechtfertigung deklassierte man »die Schwarzen als Nachfahren Kains, dessen Zeichen sie zwar vor dem Tode, nicht aber vor der Verfluchung bewahren sollte; oder man berief sich auf Gen 9,25, wo Noach seinen missratenen Sohn Ham als Sklaven seiner Brüder bezeichnet, und ließ die Söhne und Töchter Afrikas Abkömmlinge Hams sein. Da körperliche Arbeit für menschenunwürdig angesehen wurde, hielten sich auch Klöster und kirchliche Kollegs, Priester und Bischöfe ihre Hausklaven. Auf ihren Plantagen besaßen vor allem die Klöster ganze Heere von Landsklaven.«[44]

Sudanide und Bantus

Die gewaltsam deportierten Schwarzafrikaner gehörten zwei anthropologisch unterscheidbaren Gruppen an: Sudanide und Bantus. Sudanide leben im westlichsten Teil Afrikas, der sich über Senegal, Mali, Nigeria bis hin zu dem heutigen Kamerun erstreckt; die Bantus bewohnen die Territorien des Kongogebiets, Angolas und Moçambiques. Auch die Sprachen der beiden Gruppen werden nach sudanidischen Sprachen und Bantusprachen unterschieden. Sie weichen jedoch, auch innerhalb ihrer Gruppe, stark voneinander ab.

Wenig verschieden waren jedoch die Religionen der Zwangsdeportierten. »In ganz Afrika hat man Spuren eines großen Himmelsgottes angetroffen«[45], betont Mircea Eliade. Er ist die Entsprechung des Schöpfergottes und Himmelsbesitzers der Yorubá, *Olorun* (in Angola heißt er *Zambi* und im Kongo *Zambipongo*, bei den *Gegê* im heutigen Benin heißt seine weibliche Entsprechung *Mawu*), den ich im ersten Kapitel schon vorgestellt habe. Da Olorun den Menschen entrückt, zumindest weit von ihnen entfernt ist, laufen die mythischen Handlungen und der Kräfteaustausch mit der Aura des

Göttlichen über dessen »Ableitungen«, die die Yorubá Orixás nennen.

Zwischen den Sphären des Sakralen und des Profanen gibt es keine strikte Trennung. Das religiöse Leben umfasst den Einzelnen wie das Kollektiv, seinen Stamm, und deutet alles Geschehen im Rahmen eines mythisch-magischen Kosmos. Dabei gehen die Stammesangehörigen von der Annahme immaterieller, beseelter Wesenheiten aus, denen die Menschen in ihren Trancen oder im Kontakt mit den Ahnen begegnen können. Himmel und Erde, Kosmos und Transzendenz bilden, bei allen Abweichungen der Religionen im Einzelnen, ein Netz von Kräften, an denen der Mensch teilnehmen und mit Hilfe von Opfern auch Einfluss nehmen kann.

Diese religiösen Gemeinsamkeiten gelten auch als Grund dafür, dass sich später in Brasilien die verschiedenen Schwarzafrikaner auf gemeinsame Wurzeln und deren Mischformen religiös verständigen und einigen konnten.

Namenloses Elend

In den ersten beiden Jahrhunderten war der Anteil der eingeführten Bantu-Sklaven höher als derjenige der Sudaniden. Die Bantu sind von größerem Körperwuchs, galten als kräftiger und eigneten sich nach Meinung ihrer Sklavenhalter deshalb eher für die körperliche Schwerstarbeit.

Vor allem der Goldrausch im 16. Jahrhundert führte zur forcierten Verfrachtung der Sklaven nach Brasilien. Allein zur Goldgewinnung wurden fast eine halbe Million Schwarzafrikaner eingeführt[46]. »Die Gesamtsumme der nach Brasilien verschleppten Sklaven zwischen 1701 und 1810 wird auf 1.891.000 geschätzt.«[47] Viele Sklaven kamen nach Minas Gerais im Landesinneren, wo harte Fron und rascher Tod auf sie warteten, während die durch das Gold reich gewordenen Weißen im Luxus schwelgten.[48] Dem neuen Reichtum folgend, kamen mehr Portugiesen hierher als Spanier in allen übrigen Kolonien zusammengenommen[49]. Auch die Zufuhr von Schwarzen wurde forciert, die für diesen Reichtum mit dem Einsatz ihres Lebens bezahlen mussten. Die Schwarzen bildeten als Sklaven sogar die Bevölkerungsmehrheit in Brasilien, und doch starben sie infolge der außerordentlichen Härte ihres Sklavendaseins innerhalb weniger Jahre; »nur in Ausnahmefällen hielten sie sieben ununterbrochenen Arbeitsjahren stand«[50].

Auch der erbarmungslose Raubbau durch Zuckerrohr ließ keine nennenswerte Lebenserwartung mehr zu. Im Nordosten Brasiliens ereignete sich eine koloniale Katastrophe verheerenden Ausmaßes: Früher war der Nordosten eine blühende, von der Natur begünstigte Gegend, ja sie wurde zuweilen als die reichste Gegend Brasiliens bezeichnet.[51] Heute plagt eine anhaltende Dürre das zum Teil wüstenähnliche Hinterland, und ihre armen Bewohner wandern noch immer ab und bevölkern zumeist die Favelas (= Elendsquartiere, die mit der Senzala, der Sklavenhütte, gemeinsam haben, gewalttätig gegen Menschen zu wirken) der großen Städte São Paulo, Rio de Janeiro und Recife.

Über eine Million Quadratkilometer fielen dem Raubbau der Zuckerrohrplantagen zum Opfer[52]. Hier lagen die großen Plantagen, auf denen die Sklaven, zu Massen zusammengepfercht, rodeten, säten und schnitten, und die weißen Herren angesichts eines prosperierenden Geschäfts in dem Glauben bestärkten, der Handel mit Menschenfleisch sei eine lohnende Sache. Die Indianer wurden vertrieben oder kamen um, doch die Latifundien sind bis auf den heutigen Tag geblieben: riesige Ländereien, die den reichen Fazendeiros gehören, welche sich heute Privatarmeen und Flugzeuge leisten und an Löhnen nur wenig mehr zahlen als das, was ihre Vorfahren für den Unterhalt der Sklaven aufbrachten.

Das namenlose Elend der Schwarzen hat wohl niemand wirklich mitgefühlt, um es hinterher aufzuschreiben und einer breiten Öffentlichkeit zugänglich zu machen. Deshalb überwogen in den Abhandlungen mit Zeitkolorit wie in den literarischen Erzählungen die paternalistischen Elaborate und die »beschönigte Verfälschung der Sklaverei.«[53] Gerade auch im ländlich-»idyllischen« Haushalt war der Sklave rechtloses »Arbeitstier«, über das sein Herr gebot. Freilich gab es fürsorgende Patriarchen, genauso wie es Herrenhäuser gab, in denen die Sklaven gequält, malträtiert und öffentlich geschlagen wurden.

Wesentlich besser hatte es nur der *städtische Haussklave*, der für Handwerksarbeiten oder Botendienste eingesetzt wurde. Gesetze erlaubten den Schwarzen in der Stadt aber auch, sich von der Sklaverei freizukaufen oder als *Negros de Ganho*, als Leihsklaven oder »anzumietende Arbeitskräfte«, tätig zu werden. Den erhaltenen Lohn mussten sie ihrem Besitzer abgeben, wobei sie jedoch einen geringen Teil davon für sich behalten durften.

Die Stadt, in der Afrikaner offen, auch auf der Straße, miteinander sprechen konnten und in der die Herrschaft immer auch »Toleranz« zu beweisen sich anschickte, war also nicht so sehr das Problem, wohl aber das Land: Schon die kulturelle Differenz war für viele Sklaven unüberwindbar: Auf die monogame Ehe, die über sie – an Polygamie gewöhnt – verfügt wurde, antworteten Schwarzafrikaner nicht selten mit Giftmord[54]. Der Sklavenhalter dehnte sein unumschränktes Recht über die Sklaven durch das feudale ius primae noctis[55] (Recht auf die »erste Nacht« mit der Braut des Sklaven) aus. Aber auch später waren Bräute und Frauen vor gewaltsamen Übergriffen nicht sicher. Obwohl in der Kolonie ein deutlicher Mangel an Frauen – sowohl an portugiesischen als auch an afrikanischen – bestand, konnten Sprüche wie der folgende entstehen: »Eine Weiße für den Traualtar, eine Mulattin fürs Bett, eine Schwarze für die Arbeit.« Auch heute noch werden in Brasilien überwiegend dunkelhäutige Frauen und Mulattinnen das Opfer sexueller Übergriffe; Medien wie Touristikunternehmen vermarkten sie seit langem als Sexualobjekte.

Viele Sklaven versuchten die Flucht, die jedoch nur gelang, wenn sie gut geplant und organisiert war. Als wieder eingefangene Sklaven wurden sie bestraft und gebrandmarkt, als erfolgreich Geflohene gründeten sie *Quilombos*, Wehrdörfer, verbrüderten sich dort manchmal auch mit Indianern und vermischten dann auch unwillkürlich die afrikanischen mit den indianischen Religionen. In den afrikanischen Religionselementen steckten aber nicht selten afrobrasilianische, mit dem Christentum vordem bereits vermischte Bestandteile schwarzafrikanischen Glaubens.[56] Die meisten dieser Quilombos allerdings wurden entdeckt, angegriffen und zerstört. Die überlebenden Sklaven wurden wieder eingefangen.

Blutig niedergeschlagen wurden auch die Sklavenaufstände, die sich im 19. Jahrhundert gehäuft hatten. Mit besondere Härte ging man gegen die Aufstände der Haussá (1807-1835[57]), einen Stamm, der bereits in Afrika zum *Islam* konvertiert war, vor. Von seiner Niederlage hat sich dieser Stamm und mit ihm der Islam in Brasilien nie wieder erholen können.

Ein rassistisches Vorurteil gegen die schwarze Hautfarbe kann man den Sklavenhaltern allerdings nur in den seltensten Fällen vorwerfen. Das wahrscheinlich macht einen wesentlichen Unterschied zur Sklavenhaltermentalität in den Vereinigten Staaten aus. Die Portugiesen hatten sich, schon durch ihren Kontakt mit den Mauren und auf den vielen See- und Entdeckungsreisen in aller Welt, an ethnisch andere und andersfarbige Menschen gewöhnt. Ihre Gewalt gegen die schwarzen Frauen – nicht nur in der institutionalisierten Form des ius primae noctis – wird jedoch in der Literatur immer wieder hervorgehoben. Sie brachte die Mulattin und den Mulatten hervor. Es folgten die vielen freiwilligen Beziehungen zwischen den Rassen und Geschlechtern. Heute kann man von den großen Küstenstädten Rios und Recifes ohne weiteres behaupten, der typische Bewohner sei der mehr oder weniger braun gefärbte Mulatte. Freilich gibt es auch die schöne und vielfältige Mischung mit Angehörigen indianischer Herkunft.

Auch Zwangstaufe und Zwangskatholisierung waren Zeichen der Gewalt; die Schwarzen antworteten darauf nicht selten mit einer Täuschung, indem sie ihre rituellen Tänze vor den Heiligenfiguren des portugiesischen Volkskatholizismus aufführten[58]. Auf den Beifall ihrer Herrschaft, die sie wohl für besonders fromm gehalten hat, waren die Afrikaner indes nicht angewiesen. Die Täuschung war gelungen; das zählte. Des Nachts trafen sie sich in den Wäldern, von wo aus ihre Trommeln nicht zu hören waren, um ganz ungestört ihre religiösen Riten zu praktizieren.

Dominanz der Yorubá-Religion

Die in Brasilien verkauften Sklaven wurden über das ganze Land verstreut und enttribalisiert. Sie konnten sich nur mit Mühe untereinander verständigen und eigneten sich auch zu diesem Zweck die portugiesische Sprache ihrer Sklavenhalter an.

Je früher Angehörige eines bestimmten Stamms aus Afrika angekommen waren, umso wahrscheinlicher war es, dass ihre ethnischen und vordem identitätsstiftenden Wurzeln kulturell überlagert wurden und dabei sogar in Vergessenheit gerieten. Das gilt auch für das religiöse Leben: Sie waren zwangsgetauft und mussten mehrheitlich die sonntäglichen Messen besuchen. Dennoch sind auch heute noch deutliche Spuren, etwa des Bantuglaubens, zu finden, die sich über Jahrhunderte hinweg konserviert haben. Alle diese Glaubensformen wurden allerdings in hohem Ausmaß vom Volkskatholizismus portugiesischer Prägung mit seinem nahezu polytheistischen Heiligenkult vermengt. Es waren immer wieder katholische Heilige, die die Afrikaner auf den Altären der Kirchen und Gebetshäuser oder auch auf den Hausaltären sahen, die ihnen ins Auge sprangen und die sie als Äquivalente ihrer eigenen übernatürlichen Mächte ansahen.

Je später nun Angehörige eines Stamms in Brasilien ankamen, umso größere Chancen hatten sie, ihre frische, noch unverbrauchte, aus Afrika mitgebrachte Mythologie für sich zu behaupten und auch weiterzugeben. Das gilt in besonders hohem Ausmaß für die Yorubá; sie kamen zwar auch schon in einem früheren Zyklus des Sklavenhandels – da allerdings in kleineren Kontingenten –, danach aber erst wieder ab 1770, von diesem Zeitpunkt in sehr großer Anzahl, in Salvador an. Sie machten Salvador sofort zum Kommunikationszentrum für alles Afrikanische, und das war dann eben zuvorderst und in erster Linie ihre eigene Yorubá-Kultur. Vorausgegangen war der Ausverkauf dieser ihrer Kultur im Zuge der Wirren der schon dem Untergang zustrebenden Sklavenwirtschaft und auch der Kriege mit äußeren Feinden, in die die Yorubá-Königtümer verwickelt waren, wobei gleichzeitig auch Rivalitäten der einzelnen Königreiche untereinander kriegsähnliche Zustände heraufbeschwörten. So ermöglichten auch die Königtümer den schändlichen Verkauf der großen Sklavenmassen, was in der westafrikanischen Heimat der Yorubá zu drastischen Veränderungen des gesamten Lebens führte, in deren Verlauf selbst das alte Machtzentrum *Oyo* seinen Niedergang erlebte.[59] Yorubá-Herrscher kollaborierten in dieser Phase mit den Sklavenhändlern; auch Banditen plünderten und raubten und konnten »in den Wirren von Oyos Niedergang reichlich Sklavenbeute«[60] machen.

In Salvador und Bahia aber hatten die versklavten Yorubá den Vorteil, dass sie großenteils an die privaten städtischen Haushalte verkauft wurden oder sogar als Negros de Ganho (Leihsklaven) tätig werden konnten. Sie verfügten gegenüber den Landsklaven über entschieden bessere Möglichkeiten der Kommunikation untereinander und »reafrikanisierten« durch ihren ständigen Zustrom auch Angehörige aus anderen Stammesorganisationen, deren teilweise verschüttetes Wissen sie mit neuen Kenntnissen auffrischten und belebten. Sie organisierten in Bahia sogar Revolten und Aufstände und gründeten Geheimbünde[61], wie sie sie aus ihren afrikanischen Clans kannten. Der Nagô, die Yorubá-Sprache, galt damals neben dem Portugiesischen als die afrikanische Sprache schlechthin. Bis heute ist er die Sakralsprache in den Terreiros zur Bezeichnung religiöser Inhalte und kultischer Einrichtungen und Gegenstände geblieben. Die weitaus meisten der im Glossar dieses Buchs kurz erläuterten Begriffe entstammen direkt dem Nagô in der portugiesischen Schreibart.

Die heutigen Yorubá in Afrika sind inzwischen großenteils Christen oder Muslime geworden, denen aber dennoch ein gewisser Hang zu ihren ursprünglichen Orixá-Kulten nachgesagt wird[62]. Ihre alten Königtümer sind inzwischen längst politisch entmachtet; die Repräsentanten der Königsfamilien aber haben sich doch eine hohe Autorität und kulturelle Vormachtstellung bewahrt. Vor Jahren traf ich einen Yorubá-Prinzen mit seinem kleinen Hofstaat in Salvador; wir wohnten im gleichen Hotel. Er war verunsichert und wohl auch etwas verärgert, ganz offenbar, weil er ins »gelobte Land« Brasilien gekommen war, hier jedoch niemand mehr im öffentlichen Leben Nagô, die Sprache seiner Heimat – und im übrigen auch kein Englisch –, sprach; er selbst war aber auch des Portugiesischen nicht mächtig. Ich habe ihn herumgeführt und dabei auch übersetzt. Im naturbelassenen Hain des prächtigen Terreiros Ilê Iyá Omi Axé Iymassê warf er sich vor der Statue des Orixás des Krieges, Ogum, demonstrativ auf die Erde und betete ihn devot an. Angesichts der Vermischungen mit dem Katholizismus, insbesondere der unübersehbaren Heiligenfiguren auf den Altären, meinte er allerdings später verdrossen und bissig: »Here is everything mixed.«

Ja, das ist der Fall: Auch die Yorubá-Sklaven haben ihre angestammte Religion mit dem fast an den Polytheismus grenzenden Heiligenkult portugiesischer Provenienz vermischt. Die »katholischen« Heiligenfiguren, die vor oder neben den Orixá-Statuen stehen und doch die gleichen jenseitigen Mächte verkörpern, bei deren Anblick die Afrikaner durchaus in eine quasi-volkskatholische Heiligenverehrung übergehen können – genauso wie so manche Heiligenverehrung der Katholiken diese mit offenkundigen Orixá-Kenntnissen vermengt –, geben ein beredtes Zeugnis vom Entstehen und der Fortdauer des Synkretismus ab.

Salvador, die alte Hauptstadt Brasiliens und der große Umschlagplatz der nach Brasilien verschleppten Sklaven, in der Schlussphase des großen Menschenhandels dann hauptsächlich der Yorubá-Sklaven, ist das Zentrum des Candomblé geworden. Der Candomblé ist die wichtigste Yorubá-Religion in Brasilien, und als solche ist er weltweit bekannt geworden. Die Umbanda ist weit weniger eine Yorubá-Ableitung, zumal sie ja auch noch von ganz anderen Einflussgrößen und Quellen Anleihen entnommen hat. Beide Religionen sind jedoch nicht die einzigen afrobrasilianischen Kulte. Von *Catimbó* und *Pajelança*, vom *Candomblé de Cabôclo* und der *Macumba* (die allerdings erst im Prozess ihrer Auflösung und im Übergang zur Umbanda kräftige Yorubá-Impulse aufgenommen hatte) war bereits die Rede. Und auch der Candomblé ist nicht unbeeinflusst von Elementen anderer afrikanischer Provenienz, etwa des Stammes der *Ewe-Fon*, der in Brasilien Gêge genannt wird und aus dem heutigen Benin stammt. Die Gêge-Tradition ist das dominierende afrobrasilianische Religionsmodell im brasilianischen Bundesstaat *Maranhão* geworden. Diese als *Casa de Minas* bezeichnete Religion hat große Gemeinsamkeiten mit dem Voodoo auf Haiti, der sich ebenfalls auf Benin-Togo-Elemente seiner Religion stützt, aber seinerseits wiederum mit ganz anderen Mythologemen vermischt ist.

Auch der afrobrasilianische Casa de Minas-Kult ist in seinen Grundcharakteristika mit dem Candomblé vergleichbar; seine »Orixás« sind andere, manchmal heißen sie aber auch nur anders, zuweilen tragen sie auch fast die gleichen Namen. Wegen der auch im Candomblé noch vorhandenen Gêge-Tradition spricht man deshalb auch vom Nagô-Gêge-Typus seiner Herkunftselemente. Andere Typologien, bei denen noch Bantu-Bestandteile hinzutreten, können als Nagô-Gêge-Bantu-Religionen gekennzeichnet werden. Diese Namensgebung lässt sich beliebig fortführen: Kommt etwa noch der indianische Cabôclo als wesentliches Charakteristikum einer Religionsgemeinschaft hinzu, so kann man etwa vom Modellfall einer Nagô-Gêge-Bantu-Cabôclo-Tradition[63] sprechen.

Die dem Candomblé mit einigen Abweichungen entsprechenden Religionen heißen in Recife und im ganzen Staat Pernambuco *Xangô*, im Staat Rio Grande do Sul *Batuque*. In diesem Staat leben zahlreiche deutsche Emigranten, insbesondere aus dem Hunsrück, die im vorigen Jahrhundert schon hierher gekommen sind. Auch unter diesen ehemaligen Deutschen gibt es Candomblé-Angehörige, es gibt sogar deutsche Kultvorsteher.

Auch im angrenzenden Uruguay und in Argentinien übt der Batuque eine große Anziehungskraft aus, wie die insbesondere in den letzten Jahren erfolgten Neugründungen von Kulthäusern zeigen. Die karibische Insel Kuba, auf die in den Wirren der Sklaverei ebenfalls Yorubá verschleppt worden sind, hat einen dem Candomblé sehr ähnlichen Synkretismus entwickelt, ganz »selbstverständlich« mit zahlreichen Abweichungen im Detail. Auch die synkretistische Zuordnung von volkschristlichen Heiligen existiert dort, allerdings ist die konkrete Zuordnung nicht mit der afrobrasilianischen identisch.

Dass selbst im Candomblé auch vieles von dem verloren ging, was einmal sein genuin afrikanisches Vorbild ausmachte, liegt auf der Hand; dass durch die brisanten Mischungen neue Elemente, nicht zuletzt des Volkskatholizismus hinzugekommen sind, ebenso. Zweifellos und verständlicherweise erschwert gerade dies den Dialog mit den Befreiungstheologen; denn Heiligenkult ist nicht gerade das, was sie auf den Universitäten und in den Basisgemeinden lehren.

Erschwert wird der Dialog jedoch auch durch die Autonomie des Kultvorstehers, der alle Kulthandlungen und Riten allein und für sein Kulthaus verbindlich festlegt. Es gibt hier keinen Katechismus und keine übergeordnete Instanz, der gegenüber er sich legitimieren müsste. Auch das entspricht einem heutzutage individualisierten Bild der afrobrasilianischen Religionen, dem sich im fortgeschrittenen brasilianischen Kapitalismus auch noch Konkurrenz- und Vermarktungsgesichtspunkte der Terreiros hinzugesellen.

Der Candomblé hat seine Verwurzelung nicht mehr im Stammesverband. In den heutigen Millionenmetropolen stößt selbst die kollektive Orientierung an einer »schwarzen« Kultur oder Subkultur an ihre Grenzen.

In Brasilien konnten auch nur ganz wenige Orixás tradiert werden. Gab es im Yorubá-Land mehrere hunderte von ihnen, so haben
sich hier nur knapp zwanzig erhalten, bekannt und wirklich populär
geblieben sind noch weniger. Gleichwohl sind diese Orixás auch
die wichtigsten der afrikanischen Yorubá, von denen in den *Itans*,
den mythologischen Volksepen, immer wieder erzählt wurde. In
Brasilien sind die Orixás im Verlaufe der Entwicklung aber immer
auch umgedeutet worden. War *Ogum*, der auch in Afrika außerordentlich mächtige Orixá des Krieges und des Eisens, im Kampf
gegen die Sklaverei von großer Bedeutung, so ist er heute der
»Beschützer« der Omnibus- und Autofahrer und der ganz wenigen
Lokomotivführer des Landes sowie aller anderen Personen geworden, die beruflichen Umgang mit Eisen und Metallen pflegen.

Im Land der Yorubá hatte jeder Orixá seinen eigenen Kult,
eigene Priester und Initiierte, wobei die Gesamtheit dieser Einzel-
kulte im Bewusstsein der Menschen das Ganze ihrer Religion ausmachte. Heute stellt der Terreiro diese Gemeinsamkeiten in einem
einzigen Kulthaus dar: Er ist ein sakrales, ein mythologisches Afrika in Brasilien, wohin alle (in Brasilien nicht vergessenen) Orixás
hinabsteigen und sich in den Initiierten verkörpern.

War die Anzahl der nach Brasilien gekommenen Initiierten und
der mit sakralem Geheimwissen ausgestatteten Personen auch
klein; mögen angestammte rituelle Praktiken und sakrale Berufe
auch verloren gegangen sein: Das afrikanische Kulturgut in Brasilien hat sich weniger durch seine inzwischen weltweit vermarkteten
– nicht nur in der Samba präsenten – Trommelrhythmen, durch
seine Tänze und die Köstlichkeiten der bahianischen Küche durch-
gesetzt als vielmehr durch seine Religionen.

Die mythologische Herkunft so vieler Kulturgüter, für die Brasilien inzwischen in der Welt bekannt wurde – einschließlich der
lebhaften Umzüge und Tänze des farbenprächtigen schwarzen brasilianischen Carnaval – ist ganz offensichtlich. Ganz besonders gilt
das aber in der Musik. Man könnte geradezu, Friedrich Nietzsche

afrikanisierend, von der Geburt der Musik aus dem Geiste der Religion sprechen.

Die afrobrasilianischen Religionen werden mit hohem Respekt vor dem Sakralen, mit Inbrunst und in Würde tradiert.

Zurück zu den Wurzeln:
die Yorubá in Afrika

Die Yorubá sind vor etwa eintausend Jahren in ihr Siedlungsgebiet im heutigen südwestlichen Nigeria eingewandert.

Woher sie kamen, ist nicht bekannt. Sie hatten keine Schriftkultur hinterlassen. Es gibt keine Quellen oder Dokumente, die man einsehen und überprüfen könnte. Diesen Nachteil gegenüber einer Schriftkultur glichen sie allerdings durch ein weit verzweigtes Netz oraler Botschaften aus. Sie pflegten außerdem ihre durch Tonhöhe semantisch unterscheidbare Sprache so, dass sie »sprechende Trommeln« erfanden und kunstvoll zu spielen lernten, Trommeln, deren variierbarer Klang in Rhythmus und Tonhöhe ihrem Idiom so ähnlich ist, dass sie als Sprache von jedem Stammesgenossen verstanden wurden[64]. Und wie jede Sprache immer auch eine mythische Sprache ist, erzählten sich die Yorubá wieder und wieder ihre Itans, die Epen und Legenden über die Entstehung der Welt, über die Liebschaften und Streitigkeiten ihrer Orixás, die in vielen Varianten bekannt geworden sind.

Die Kultur der Yorubá erregte durch die weltweit bekannt gewordenen Ife-Benin-Funde Aufsehen, deren älteste Terrakotten nach der im Radiokarbonverfahren erfolgten Rückdatierung[65] aus dem Zeitraum zwischen dem 11. und 16. Jahrhundert stammen.

Überaus kunstvoll gefertigt nehmen sich dabei die Terrakotten der Orixás aus. Der deutsche Ethnologe Leo Frobenius (1873-1938) hatte auf einer Forschungsreise *Ife*, das religiöse Zentrum der Yorubá, besucht und sich dort nach Kräften bemüht, die Plastik

Olokuns, der Orixá des Meeres (die später in Brasilien mit Iemanjá zu einer Einheit verschmolzen wurde), zu erwerben, was aber von der britischen Kolonialverwaltung vereitelt wurde[66]. Inzwischen werden die kostbaren Terrakotten sowie weitere Messing- und Kupferfiguren, wie es bei wichtigen Funden aus der Dritten Welt leider üblich geworden ist, in den großen Museen der Vereinigten Staaten und Europas beherbergt. Frobenius war es auch, der eine frühere Verbindung der Yorubá zum griechischen Raum für möglich hielt; eine typische Denkungsart des Bildungsbürgertums seiner Zeit, überall die Griechen zu wittern, was dann bei ihm und auch nachweislich bei anderen Autoren zur Legendenbildung einer »an die griechische Mythologie erinnernden Religion«[67] geführt hat. Das ist eine ethnographisch wenig eigenständige Feststellung. Denn so kennzeichnend es für die Yorubá-Religion auch ist, dass einige ihrer Orixás in nahezu ständigem Streit miteinander liegen, so lässt sich nur recht oberflächlich das olympische Geschehen auf die Orixás der Yorubá projizieren. Die Tiefendimension der Yorubá-Religion ist eine andere, ist originär afrikanisch.

Wie die früh, bereits um 1400 zum Islam bekehrten, im Norden Nigerias angesiedelten Haussá sollen die Yorubá irgendwo aus dem Norden Afrikas gekommen sein. Bei den *Haussá* vermutet man eine äthiopische Volksgruppe im Sahara-Gebiet, beim Herkunftsland der Yorubá spekuliert man noch immer.

Das geistliche Zentrum der Yorubá war und ist die Stadt Ife; noch heute ist sie Sitz des geistlichen Oberhaupts. Der *Ooni* von Ife, der geistliche Herrscher der Yorubá, war gleichzeitig *Oba* (König) seines Teilreichs, er führte sich in direkter Linie auf *Odudua*, den weiblichen Teil der Kürbis-Androgynie, wie ich sie gleich zu Anfang dieses Buchs kurz vorgestellt habe, zurück. Odudua allerdings war früh als männlicher Schöpfer uminterpretiert worden: ein Veränderungsvorgang in der mythologischen Deutung, der als bewusstseinsmäßiger Übergang des vorangegangenen Matriarchats in eine männlich dominierte Yorubá-Kultur gewertet werden muss[68].

Nur vom Ooni aus Ife konnten die gewählten Könige der übrigen Stämme – es gab derer ab dem 14. Jahrhundert etwa vierzehn – legitimiert werden[69]. Später überrundete zwar die Stadt Oyo in ihrer für die afrikanischen Verhältnisse gigantischen Größe – Oyo war »ausdehnungs- und einflussmäßig größer als jeder andere Yorubá-Staat«[70] – auch das traditionell sakrale Zentrum Ife und machte sich zum politischen Machtzentrum. Jedoch blieben der geistliche Einfluss Ifes wie die Legitimationen durch den Ooni auch weiterhin verbindlich.

Signifikant ist die urbane Kultur der Yorubá: Sie gründeten regelrechte Stadtstaaten, hatten aber auch im kleineren Rahmen die Tendenz, sich zu verstädtern. Und dies, obwohl sie auf ihren Feldern arbeiteten und das umliegende Land bebauten, zu dem sie unverhältnismäßig lange unterwegs waren. Dieses Phänomen der Verstädterung zeigt sich noch heute: Zwei der größten Städte der Welt – die Zehnmillionenmetropolen *Ibadan* und *Lagos* – liegen im Territorium der Yorubá. Spuren einer städtisch-agrarischen Despotie, worüber insbesondere der Neomarxismus seit den fünfziger Jahren bei dem gesellschaftlich-kulturellen Zusammentreffen von großen Konglomeraten und einer agrarischen Bevölkerung eifrig sinnierte[71], finden sich jedoch nirgends. Die Gesellschaft mit ihren patrilinear und polygyn organisierten Lineages, welche sich zumeist in großen Familienverbänden eingebunden fanden, in denen sie sich auf einen gemeinsamen Ahnen beriefen[72], wird in ihren Grundzügen als für die damalige Zeit und ihre geographische Lage erstaunlich demokratisch beschrieben. Dass dies für die Schlussphase eines dramatisch sich zuspitzenden Sklavenhandels nicht mehr zutreffen kann, versteht sich. Die hierarchisch gegliederte Stadtkultur unterstand dem lokalen, mit sakraler Macht ausgestatteten Oba (König), dessen Macht jedoch vom Häuptlingsrat und anderen Räten sowie dem Ogboni-Geheimbund, welcher sich aus Häuptlingen, den Angehörigen der einflussreichsten Familien und den bedeutendsten Kultvorstehern zusammensetzte, kontrolliert wurde.

Das Glaubensgebäude der Yorubá wird in der Literatur immer wieder als außerordentlich komplex und als höchst differenziert gewürdigt. Der Candomblé entspricht ihm in seinen Grundzügen, die in den folgenden Kapiteln dargestellt werden. Einige der wichtigsten Abweichungen und Verluste des Candomblé gegenüber der Yorubá-Religion habe ich bereits angeschnitten. Eine weitergehende Untersuchung, die gänzlich alle Elemente miteinander vergleicht, würde den Rahmen dieses Buchs sprengen. Ich hielte sie auch nur für den Rahmen von Forschungsaufgaben für erforderlich. Denn sowohl der Schöpfungsmythos als auch die Sagen über die Orixás, die oftmals gleichzeitig deifizierte Heroen der Yorubá gewesen waren, liegen in vielerlei Varianten vor und erhalten zahlreiche Abweichungen von Stamm zu Stamm, sie sind auch von dem Moment ihrer zeitlichen Entstehung, wie wir das gerade bei der Vermännlichung des ursprünglichen Odudua-Kults gesehen haben, nicht unabhängig. Auf einige Varianten und Umdeutungen der Orixás in den afrobrasilianischen Religionen werde ich später noch einmal zurückkommen und dabei zu den afrikanischen Yorubá zurückblenden.

Die kultische Verehrung eines bestimmten Orixás, auf den der einzelne Mensch initiiert war, stand bei den Yorubá im Zentrum des religiösen Lebens. In dem Kulthaus, dem er angehörte, befanden sich nur Initiierte dieses gleichen Orixás. Das religiöse Leben war von seiner Verehrung und dem Austausch der magisch-mythischen Kräfte mit ihm bestimmt. Die Menschen waren mit ihrer Religion tief verwurzelt; Religion war die Quelle ihrer individuellen und kollektiven Existenz.

Olorun aber war den Yorubá die Quelle von Existenz überhaupt, der spirituellen wie der materiellen; er wurde als allmächtig und allwissend vorgestellt. Als *Deus absconditus* lebt er zurückgezogen, weshalb er die Aufgaben um den Bestand und Fortgang der Dinge an die Orixás abgetreten hat. Diese haben bestimmte Zuständigkeitsbereiche in der Natur und in den Bereichen des gesellschaftlichen Lebens inne (genauso wie übrigens die Heiligen des Volks-katholizismus), unterstehen ihm aber absolut.

Hierin liegt auch begründet, dass sich der Candomblé wie die afrobrasilianischen Religionen entgegen allen anderslautenden Auskünften als monotheistisch qualifizieren. Dies entspricht der Selbsteinschätzung der Gläubigen und bestätigt die Annahmen der heutigen Anthropologen.

Olorun, manchmal auch Olorum, Olodum oder Olodumarê ge-nannt, ist der Eine Gott, das Höchste Wesen. Er steht über allem, alle Geschöpfe verdanken sich ihm. Er ist der allmächtige Urschöp-fer, hat aber gleichwohl auch Orixás mit Schöpfungsaufgaben be-traut, die in seinem Auftrag handeln und von ihm abhängig sind.

Weder bei den Yorubá noch im Candomblé werden ihm beson-dere Kulte oder eigene Tempel gewidmet (er wird auch bildlich nicht dargestellt). Der Grund hierfür ist aber gerade in dem Ge-heimnis seiner unvergleichlichen und unergründlichen Größe zu erblicken. Gleichwohl gibt es Anhaltspunkte dafür, dass Menschen in der allergrößten Not auch ihn direkt anrufen[73].

Das religiöse Glaubensgebäude im Candomblé

»Es gibt natürlich eine urwüchsige Religion,
die sich auch erhalten hat im Candomblé.
Und das muss man wirklich sagen, dass sie urwüchsig ist.
Candomblé wird wirklich von uns mit einem ganz großen Respekt
gesehen. Da sieht man die Seele des afrikanischen Volkes.
Und man merkt, wie das erhalten wurde mit großem Opfer
und auch mit dem Gewissen:
Man musste das tun, weil man das ererbt hatte
und weitergeben musste und weitergeben wollte.«[74]

Kardinal Dôm Paulo Evaristo Arns, Erzbischof von São Paulo

Die kosmischen Existenzräume: Orun und Aiye[75]

Die Yorubá-Religion und der Candomblé kennen zwei kosmische Existenzräume, denen gleichzeitig zwei verschiedene Seinsweisen und Seinsmodalitäten entsprechen: *Orun* und *Aiye*.

Der Aiye ist die Ebene des Fassbaren, die begrenzte Welt der Materie und der Evidenzen. Er ist die Erde, auf der wir uns befinden – wir Menschen heißen in der Mythologie auch *Ara-Aiye*, die Bewohner des Aiye – und mit uns alle Geschöpfe und Gegenstände.

Die diesem Existenzraum übergeordnete Ebene und Instanz ist diejenige des Nichtfassbaren, Ungreifbaren und Unbegrenzten, die spirituelle Existenz des Übernatürlichen: der Orun. Orun oder aber auch in einer anderen Schreibweise Orum, leitet sich von *Olorun*, dem Einen und Allmächtigen ab.

Es gibt außerhalb dieser Ebenen keine Existenz, aber es gibt Wesen, die beiden Existenzräumen angehören können: die *Orixás* und die *Eguns*. Diese verweilen zwar im *Orun* – sie heißen *Ara-Orun*, Bewohner des Orun –, aber sie können auch in den Aiye, so also in den Terreiro, kommen, an den Ort des kultischen Geschehens, in dem die *Ara-Aiye*, die Menschen, in der Verehrung der übernatürlichen Kräfte versammelt sind. Auch im alltäglichen Leben sind sie in einer Art und Weise präsent, wie wir Europäer uns das schwerlich vorstellen können. Candomblé-Gläubige berichten immer wieder von der vertrauten Nähe und Anwesenheit insbesondere ihres Orixás, dem sie sich anlässlich der Initiation geweiht haben, von seiner unverwechselbaren, ja lebensentscheidenden und zutiefst nachhaltig prägenden Wirkung auf sie.

Die Orixás sind überdies in den *Ilê-Orixás*, den sakralen Zentren des Terreiros, in denen ihre Pegis (Altäre) stehen und wo sich ihre jeweiligen Sitze befinden, anwesend. Diese Sitze – *Otás* genannt – sind Steine, in denen sie sich fixieren. Diese Steine gelten als heilig, sie werden devot angebetet, vor ihnen findet (die auch stille) Verehrung durch die Gläubigen statt. Jedem Orixá ist ein Tongefäß, gefüllt mit Wasser – welches nie austrocknen darf –, zugeordnet[76]. Neben jedem Orixá-Sitz befindet sich auch ein »Nebensitz« für Exu[77], denn als »Götterbote« muss dieser stets präsent sein; er ist für die Kommunikation mit den übernatürlichen Kräften von größter Bedeutung.

Das Haus der Eguns (Balé) befindet sich zumeist außerhalb des Terreiros.

Orixás und Eguns also gehören beiden Existenzräumen an, aber sie tragen Verantwortung auch für den Aiye und für die Menschen. Der Orixá lebt für sein Wirken in der Natur, das von seinem Willen abhängt, und er liebt, auch wenn er ihnen zuweilen mit Strenge begegnet, seine Kinder, insbesondere diejenigen, die sich ihm in der Initiation geweiht haben; die Seele des Verstorbenen steht andererseits den Mitgliedern seiner Herkunftsfamilie besonders nahe.

Sind die Seelen, die *Eguns*, die menschlichen Vorfahren der Ara-Aiye, so sind die Orixás deren deifizierte (vergöttlichte) Vorfahren, die seit langer, langer Zeit schon im Orun und immer wieder auch in der anderen Sphäre der Existenz, im Aiye, verweilen.

Die Formulierung »seit langer, langer Zeit« blieb bewusst vage und entspricht dem Zeitgefühl der Yorubá, die Ewigkeitsvorstellungen, enthalten etwa im »lineare(n) westliche(n) Zeitkonzept mit unendlicher Vergangenheit, Gegenwart und unendlicher Zukunft«[78] nicht kannten. Alles ist in der Zeit – und nicht vor der Zeit – entstanden, selbst Olorun, der Allmächtige, ist »geworden«, wie ein Itan berichtet.

Man darf Orun und Aiye, diese beiden kosmischen Existenzräu-

me, allerdings einander nicht streng entgegensetzen: Der Orun nämlich ist gleichzeitig die Über-Welt, die den Aiye mit all seinen
Erscheinungsformen und Evidenzen umfasst und symbolisch und
spirituell repräsentiert[79]. Jedes Lebewesen, jeder Gegenstand, hat
»seine spirituelle Korrespondenz«[80] im Orun.

Mythologisch überaus bedeutsam ist die Vorstellung, dass beide
Existenzräume einmal zusammengehörten und die Menschen sich
jederzeit auch im Orun aufhalten konnten. Der Zerfall des einen,
des zusammengehörenden kosmischen Ganzen: das ist die von den
Yorubá überlieferte Katastrophe. Es ist, als habe die Natur ihre
Unschuld verloren. In Wirklichkeit geschah dies mit den Menschen,
wie wir noch sehen werden. In ihrer Religion aber löste diese
Katastrophe ein Harmoniebestreben aus, das einer Erlösungssehnsucht gleichkommt: Immer wieder, gerade in ihren Zeremonien,
stehen die Menschen für die Wiederherstellung dieser ursprünglichen Einheit ein. Um den Gedanken der Harmonie in der Natur –
deren oftmals einander widerstreitende Kräftehervorbringer die
Orixás sind – dreht sich das religiöse Denken im Candomblé,
jedenfalls in seiner ernsthaften und kollektiven Orientierung, ohnehin immer wieder.

Dieser aufgezeigten kosmischen Topographie trägt der sakrale
Raum des Terreiros Rechnung. Dort wird der Kosmos symbolisch
nachgebildet, »dort sind alle Elemente anwesend, die den Aiye
symbolisieren, und auch die geweihten Elemente, die die spirituelle
Realität – den Orum – vertreten.«[81] Orun und Aiye sind durch den
Zentralpfosten, das phallische Symbol ihrer Vereinigung, miteinander verbunden. Um dieses phallische Symbol herum drehen sich
und tanzen dem Uhrzeigersinn entgegen die Gläubigen.

In den Aiye und somit in die rituelle Praxis des Kults können
also die Orixás immer wieder kommen und unter den Ara-Aiye
anwesend sein. Das ist aber auf eine unvermittelte Weise gar nicht
möglich: Denn die Orixás sind Geistwesen und haben selbst keinen
Körper, den sie, um in der Aiye-Ebene zu bleiben, sich erst »aus-

leihen« müssen. Den aber bekommen sie ebenfalls im kultischen Ritual, in dessen Verlauf sich die Orixás in den Leibern der Menschen, »in der Materie ihrer Kinder«[82], in den Initiierten, die sie zu empfangen bereit sind, verkörpern. Dies geschieht in der Inkorporation: Das ist die theologische Erklärung dessen, was wir in oberflächlichen Berichterstattungen so oft als seltsam exotische Trance oder Besessenheitskulte serviert bekommen.

Warum aber tun die Menschen das? Warum stellen sie ihren Körper dem Orixá zur Verfügung? Und was veranlasst den Orixá, den Körper des Menschen, »sein Pferd«, wie die gern verwendete Formulierung sagt, zu besteigen? Der Candomblé kennt darauf klare Antworten, denen wir uns im Folgenden zuwenden.

Der Axé und die kosmischen Energien – Gabe und Gegengabe als universell-sakrales Handlungsprinzip

Die Menschen öffnen sich nicht nur, weil sie ihren Orixá verehren. Sie tun es auch, weil sie den *Axé*, die außerordentlich mythisch-magische Kraft erhalten, die der Orixá anlässlich der Inkorporation auf sie überträgt. Der Axé verleiht den Menschen Dynamik und Stärke, auf die sie zur Existenzerhaltung angewiesen sind. Von den Orixás, den übernatürlichen Kräften des Orun, Axé zu erlangen, wird immer wieder als der bedeutungsvollste Vorgang der ganzen Zeremonie und auch des Candomblé angesehen.

Die beiden anderen kosmischen Energien sind *Iwá*, die Kraft, die Existenz erst möglich macht – sie geht dem Axé zeitlich voraus –, und *Abá*, die der mit dem Axé »aufgeladenen« Dynamik ein Ziel, eine ganz bestimmte Richtung, eine Orientierung gibt.[83] All diese kosmischen Prinzipien verdanken ihren Ursprung Olorun, dem Einen und Höchsten Gott.

Der Axé aber ist die entscheidende Wirkkraft, die auch außerhalb der Inkorporationen erlangt werden kann, und die sogar Menschen, gewollt oder ungewollt, einander übertragen. Besonders die Ialorixá oder der Babalorixá eines Terreiros übertragen fortwährend Axé auf ihre Kinder. Kultvorsteher, die das nicht vermögen, müssen ihren Terreiro schließen oder einer anderen Person übertragen.

Die in Trance tanzenden Initiierten werden durch Händeklatschen der Anwesenden begleitet. Gerade im Candomblé zeigt sich eine schon zahlenmäßige Dominanz der Frauen. Im Gegensatz zur männlich geprägten Gesellschaft haben Frauen hier, in ihrer Religion, ein größeres Mitwirkungsrecht und bessere Entfaltungsmöglichkeiten, sich selbst und ihre Sehnsüchte auszudrücken.

Axé ist die immer heilsame, die sakrale, aus dem Orun kommende Kraft, die alles das, was Harmonie im Leben eines Menschen ausmacht, verleiht: Liebe, Gesundheit, Weisheit, Glück.

Der Axé ist, so würden wir sagen, *das* Geschenk des Himmels. Die gesamte religiöse Praxis, die vom profanen Leben kaum zu trennen ist, ist davon erfüllt, Axé zu erlangen und den Austauschprozess mit dem Übernatürlichen anzustrengen. Das ist allerdings nicht als »Egoismus« des Einzelnen misszuverstehen, denn dieser Vorgang ist gottgewollt, er beruht auf einem ständigen Austausch der Menschen mit ihren Orixás und der Aura des Übernatürlichen, und er betrifft überdies nicht nur den Einzelnen, sondern darüber hinaus die ganze Candomblé-Gemeinde, die stellvertretend für die Menschheit im Kulthaus versammelt ist. Nur die Erlangung des Axé ist Garant für die Bewahrung des Einzelnen wie der Schöpfung, deren Teil er ist, Garant aber auch für die Erhaltung des Mythos und der Religion.

Die Harmonie des Universums kann sich nur entfalten, wenn die materielle Welt – Aiye – und die spirituelle Welt – Orun – sich beständig austauschen, wenn sie einander geben, voneinander zu empfangen bereit sind und die empfangene Gabe mit einer Gegengabe beantworten: Die Orixás verteilen den Axé nicht nach Belieben, sie können ihn überhaupt nur geben, wenn die Menschen das sakrale Beziehungsgeflecht aufsuchen, anstreben und aufrechterhalten, wenn sie ihren Ritus erfüllen und den Orixá auch durch die Opfer stärken und ernähren. Die Orixás bedürfen dieser Nahrung, obgleich sie sie nicht wirklich essen; sie nehmen lediglich die energetische Kraft der Opfer in sich auf. Dazu aber sind die Schlachtopfer notwendig, mit deren Blut die Sitze der Orixás beträufelt werden. Der Verteilung des Axé dient insbesondere die große Candomblé-Festlichkeit im Terreiro, wo die Orixás in den Körpern der ihnen Geweihten leben wie ein Mensch, tanzen wie ein Mensch, mit all dessen körperlicher Zerbrechlichkeit, aber auch mit dessen Freuden, mit Schmerz, mit Aufbegehren und Verzückungen. Die Orixás wollen es so. Sie wollen einen Körper haben, wollen »im Fleisch« sein.

Der Mensch also gibt, er opfert, er stellt seinen Körper dem Orixá zur Verfügung; der Orixá nimmt diese Gabe an und erwidert sie: Er hinterlässt den Axé. Die Beziehung zwischen dem Orixá und dem Menschen ist somit durch ein immer während es Geben und Nehmen, durch Gabe und Gegengabe, durch ein ständiges Aufeinanderangewiesensein, bestimmt. Und dieser Austausch muss immer wieder von neuem belebt werden. Die Menschen als Einzelpersonen wie als Kollektiv tragen die volle Verantwortung für eine dynamisch sich antwortende Ko-Existenz, und dies heißt »Verantwortung für die Freigabe von Axé«[84]. In dieser Religion wäre für eine Prädestinationslehre kein Platz: Das Weltgeschehen ist nicht so einfach, als dass man es für alle Zeiten als vorherbestimmt und gegeben akzeptieren könnte. Und die Menschen sind es, die Verantwortung übernehmen, für sich selbst, für ihre Gemeinde, für die Menschheit und die gesamte Harmonie des Kosmos.

»Kaum ein einschneidendes Ereignis im Leben wird als ›natürlich‹ hingenommen. Vielmehr vermutet man darin den Ausdruck des Willens eines Orixá oder die Wirkung eines Zaubers in gutem oder schlechtem Sinne. Alles rituell Behandelte gilt als magisch kraftgeladen.«[85] Daher wird die magische Unmittelbarkeit des Ritus so ernst genommen: Es hängt alles von ihr ab.

Nur wenn die sakrale Handlung im Terreiro in den richtigen Bahnen verläuft, wenn ihr Gelingen zweifelsfrei abgesichert ist, kann sich der Austausch entfalten. Selbst die heute auch in Brasilien in allen möglichen gesellschaftlichen Zusammenhängen immer beliebter werdende Zukunftsdeutung, die auch im Candomblé an Bedeutung gewonnen hat, gründet ursprünglich in der menschlichen Verantwortung für die Freigabe des Axé: Nur so konnte herausgefunden werden, was die Orixás von den Menschen wünschten und erwarteten, damit diese es ihnen darbrachten und sie dann ihrerseits mit der Gegengabe, dem Axé, bedacht wurden.

Weil aber Magie und Ritual der Gemeinde so ernst genommen werden, brauchen sie neben der dominierenden Figur der Ialorixá oder des Babalorixá weitere Spezialisten: den *Axogum* etwa, der anstelle Ogums, des Orixá des Krieges, die Schlachtopfer tötet; die *Iya Bassé*, die sie in der rituell vorgeschriebenen Weise zubereitet, den Babalossaim, der den Kult um die magischen Geheimnisse der Pflanzen kennt und anwendet; den *Pegigan*, den verantwortlichen Altarpriester; oder den *Alabe*, den Chef der Trommler. Durch die drei vorgeschriebenen Trommeln *Lé, Rumpi* und *Rum*, unterschiedlich in Größe und Volumen, werden die Orixás herbeigerufen. Diese Trommeln sind dermaßen bedeutsam, dass ihnen sogar ein eigener Initiationsritus gilt, bei dem auch Schlachttiere geopfert werden müssen. Um die kultischen Handlungen abzusichern, ist es sogar notwendig, Personen mit niedrigem Initiationsgrad einzubeziehen: die *Ekedys*, Gehilfinnen, die selbst nicht in Trance geraten können, aber jenen Unterstützung gewähren, die sich in diesem außergewöhnlichen, nie vollkommen kontrollierbaren Zustand befinden; oder die *Ogans*, Ehrenmitglieder eines Candomblés, häufig Künstler oder Intellektuelle, die dem Kult dienen, zur Mehrung seines Ansehens beitragen und den Terreiro beschützen.

Dynamik des Candomblé – Harmonie des Kosmos

Dass die Candomblé-Zeremonie feierlich und fast ruhig beginnt und sich dann in ein dynamisches Fortissimo hinein steigert, das jeden auch sonst unbeteiligten Besucher mitreißt und ihm den Eindruck hinterlässt – falls er sich darüber überhaupt noch klar werden kann –, einem ungemein fesselnden, ganz außergewöhnlichen, entgrenzenden Schauspiel beizuwohnen, kann heute jeder Brasilienreisende erleben: Der Zugang zu den meisten Candomblé-Terreiros ist öffentlich. Ich selbst war bei verschiedenen Besuchen dermaßen angespannt und in Unruhe versetzt, dass mir meist davon übel wurde. Andere Besucher berichten von Brechreiz und Schlimmerem. Die auf dem Höhepunkt der sakralen Handlungen immer lauter werdenden, dröhnenden Trommeln dafür verantwortlich zu machen, beruht sicherlich auf keiner falschen Wahrnehmung. Aber das allein erklärt nicht alles.

Wenn die in Trance befindlichen Initiierten in den Umkleideraum geführt, manchmal schon fast getragen werden und nach einer halben Stunde im festlichen Ornat der Orixás zurückkommen, ist ein erster Höhepunkt erreicht. Das Entzücken und die Bewunderung aller Anwesenden ist unbeschreiblich: Während der Austauschprozess mit der Sphäre des Übernatürlichen längst eingesetzt hat – ein Augenblick, der jeden in seinen Grundfesten zutiefst erschüttert –, sind die Kinder der Orixás nun selbst in das Stadium ihrer Vergöttlichung gekommen. Als Orixás wiederholen sie nun zu vorgerückter nächtlicher Stunde in ihren Tanzschritten, in Gestus und Mimik unablässig die Kosmo- und Theogonien und bleiben auch darin die fortzeugenden Substanzen der vergöttlichten Naturkräfte. Dass sie dabei – als Orixás – gleichzeitig ihre Machtkämpfe untereinander ausagieren, potenziert noch einmal die Dynamik, die sich zu einer nicht mehr überbietbaren Spannung steigert.

Auch die zerstörerischen Elemente und Eigenschaften der Orixás sind präsent, sie sind an den erregten Gesichtszügen auch der Gläubigen, die sich nicht in Trance befinden, aber die Trance der Initiierten mit rhythmischem Händeklatschen begleiten, deutlich ablesbar. Die Kräfte der – immer nur partiellen – Zerstörung werden im Candomblé nicht »diabolisiert«, sie genießen die gleiche Verehrung wie ihre aufbauenden und schöpferischen Gegenmächte: Auch die Natur bringt ja durch die Gegensätzlichkeit von zeitweiliger, vorübergehender Homöostase und Ungleichgewicht immer wieder Neues hervor. Wir könnten hier die Ergebnisse der Chaosforschung bemühen, wir könnten sogar, was die spiegelbildlich-spirituelle Abbildung des Aiye im Orun betrifft, die bei uns in Europa gegenwärtig neu entflammte Diskussion um die Gegenwelt von Materie und Antimaterie herbeizitieren, um Analogien zur Mythologie der afrikanischen Yorubá verstehbar zu machen.

Doch zurück zum Mythos: Die Dynamik des Candomblé und seine Spannungsmomente setzen Kräfte frei, die der Harmonie des Ganzen dienen. Und diese (immer nur zeitweilig) erreichte Harmonie lässt sich aus den friedfertigen Mienen der Gläubigen ablesen, wenn sie, zu vorgerückter Stunde, spät in der Nacht, manchmal erst im Morgengrauen, übermüdet und erschöpft, aber doch auch geläutert und »erfrischt« nach dem Ende ihres großartigen Ritus den Heimweg antreten.

Vorher aber waren sie noch einmal, im Trommelfeuer tanzend, zusammen, um ihrer Erlösungssehnsucht, der Wiederherstellung der ursprünglichen Einheit des Kosmos, mit Mitteln eines magisch-beschwörenden Mythos und der gleichzeitigen Dramatisierung einer Sühne Ausdruck zu verleihen.

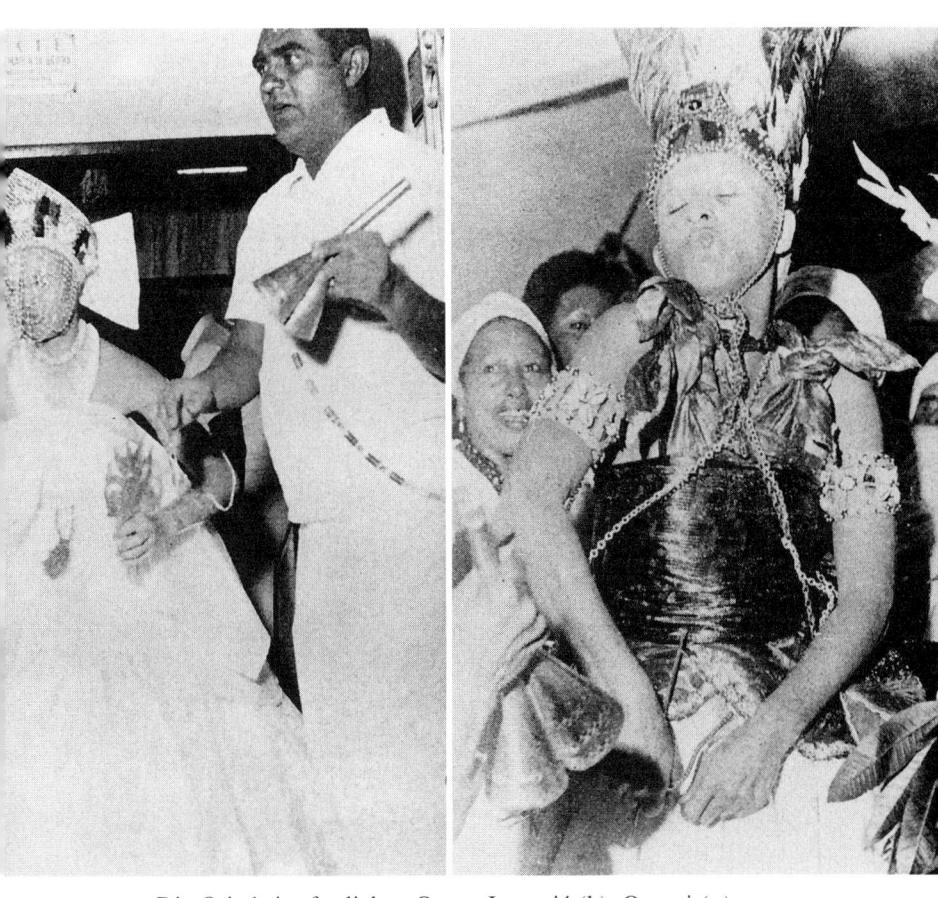

Die Orixás im festlichen Ornat: Iemanjá (l.), Oxossi (r.)

Wir haben in früheren Kapiteln schon festgestellt, dass dem Candomblé der Begriff der Sünde fremd ist. Nicht so jedoch der des »menschlichen Fehlers«. Ein solcher Fehler besteht darin, dass Menschen gegenüber der sakralen Ebene Vernachlässigungen begangen haben. Wenn ein Initiierter den Hausaltar seines Orixás nicht in der angemessenen Weise pflegt oder im Terreiro seine Pflichten nicht erfüllt, begeht er solche Fehler. Verfehlungen begeht er schon dann, wenn er das wechselseitige Aufeinanderangewiesensein zwischen Orixá und Mensch, das sich in ständiger Gabe und Gegengabe äußert, unterschätzt.

Verfehlungen in dieser zunächst einmal rein subjektiven Beziehung von Mensch zu seinem Orixá können sich allerdings auf die kosmische Ebene Orun-Aiye verlagern und ausweiten. Dies ist, wie wir aus der Mythologie wissen, in der Vergangenheit geschehen.

Die *Itans*, die heiligen Epen der Yorubá, berichten, dass es einmal eine Zeit gegeben habe, »in der Orun und Aiye noch nicht getrennt waren, und die Bewohner frei von einer Ebene in die andere gehen konnten«[86] – ein paradiesischer Zustand oder doch zumindest ein solcher, der den Menschen ganz andere Wahl- und Daseinsmöglichkeiten erschließen konnte. Menschliche Fehler nun – also doch eine Art »Sündenfall«, wenn man so will – haben die Ordnung des Universums, zum Nachteil der Menschen, verändert. Die Candomblé-Zeremonie – nun ganz in ihrer kollektiven Ausrichtung – hat gerade auch zum Ziel, die Wiederherstellung dieser verloren gegangenen Einheit zu bewirken, was in einem Augenblick des Taumels und des Glücks, in dem sich die Orixás im Terreiro befinden, fast auch gelungen zu sein scheint.

Der weitere Ritus ist nun der immer sich erneuernde Versuch, durch die Vereinigung von Orun und Aiye Harmonie zu stiften: Jeder Einzelne tut es auf seine Weise. Es gibt hier weder reines Zuschauen noch reserviertes Abwarten oder gar Kontemplation. Alle Gemeindemitglieder sind »aktiv« und greifen in die Strömungen des kosmischen Geschehens ein. Als Orixás wiederholen die

Trance eines Mannes im Ornat der Iansan

vordem Initiierten wieder und wieder die Kosmo- und Theogonien. Für den Fortgang der sakralen Handlungen aber gibt es keine Garantien. Dass Unerwartetes dabei eintreffen kann, ist beim Candomblé-Ritual eine bekannte Tatsache.

Mythologisch kann sich nicht nur Harmonie entfalten, es kann auch das Chaos drohen, wie das Fest Logorun während der Passionszeit des katholischen Kalenders zeigt: Die Orixás werden kurzerhand nach Afrika verabschiedet, um ihre Streitigkeiten dort auszutragen.

Das Fest Logorun ist institutionalisiert, im Candomblé-Kalender verankert. Man kennt seinen Ausgang, bevor es begonnen hat. Andere Zwischenfälle sind es aber nicht. Selbst die Orixás, angelockt durch Trommelfeuer, Gesänge, Tanzschritte und die Saudaçao können sich weigern, in den Tempel hinabzusteigen.

Dann tun die Menschen das, was sie seit Jahrhunderten getan haben: zusammenstehen und zusammenhalten. Sie hielten zusammen, als ihre Kulte verboten und ihre Tempel wie Verbrecherquartiere behandelt wurden. Sie hielten zusammen, als sie sich des Nachts zum Ritual in den Wäldern trafen, von wo aus die Trommeln nicht zu hören waren. Sie hielten zusammen, als sie den wechselnden Diktaturen Widerstand leisteten. Nur so konnten sie ihre Religion bewahren.

In solchen Augenblicken rufen sie erneut die Orixás, flehen sie an hinabzusteigen, und veranstalten das *Adarrum*, ein so gewaltiges Trommelfeuer, bei dem jedem anwesenden Gringo, Ethnologen, Anthropologen Hören und Sehen vergeht. Das Adarrum soll auch die Orixás erweichen und zum Kommen zwingen: Denn diese Menschen können ohne ihre Religion, ohne ihr Ritual, ohne ihre Orixás nicht leben.

Die Orixás

Von den Orixás war bereits häufig die Rede. Ich möchte sie hier, wiederum in erster Linie aus der Sichtweise des Candomblé – gewisse Umbanda-Abweichungen und andere, stärker synkretistisch beeinflusste Interpretationen im Detail werde ich jedoch schon berücksichtigen und benennen –, ausführlicher vorstellen und dabei auch ihre jeweiligen Charaktere besonders betonen.

Sie sind die übernatürlichen Wesen, die im Auftrag *Oloruns* handeln und die die Kräfte der Natur – das Wasser, die Winde, den Donner und den Blitz, das Meer und die Natur in schlechthin all ihren Erscheinungen – verkörpern. Diese Kräfte vibrieren jedoch, und als Kräftehervorbringer stehen die Orixás in einem ständigen Spannungsverhältnis zueinander. Das macht die Dynamik ihrer Beziehung aus, ist aber gerade auch die Voraussetzung dafür, dass sich der Kosmos als Einheit und Kontinuum erhält. Die Orixás regulieren dieses Kontinuum der Schöpfung, ganz gleich, wo sie sich aufhalten, ob im Orun oder im Aiye, ob in ihren Sitzen, den Otás, oder in den Köpfen der Initiierten.

Aus diesen Handlungen der Orixás aber sind die Menschen, wie wir in den letzten Kapiteln gesehen haben, nicht wegzudenken. Sie sind »Mitgestalter« des kosmischen Geschehens, handeln in Verantwortung für Harmonie in der Natur, für einen Gleichgewichtszustand, in dem Leben als Leben bestehen kann.

Nach der Logik der Europäer könnte man darin den ökologischen Aspekt dieser Religion erblicken. Obwohl man in Brasilien und auch in Afrika solch einen Terminus im Zusammenhang mit der Mythologie nicht gebraucht, können wir das durchaus so sehen.

Die Orixás greifen auch in das gesellschaftliche Leben ein und tragen Verantwortung für Gerechtigkeit (Xangô) und Krieg (Ogum), für Epidemien und ihre Bekämpfung, für Krankheit und Gesundheit (Omolu), und sie sind die – individualisiert vorgestellten – Begleiter ihrer Kinder, übertragen ihnen den Axé. Als Hervorbringer von Elementarkräften verleihen sie Gesundheit und Kraft, haben jedoch auch Zuständigkeitsbereiche im ewigen Wechsel von Werden und Vergehen, von Leben und Tod, inne.

Sie werden zwar als gewaltige Mächte und Naturphänomene von außerordentlicher Potenz vorgestellt, sind aber dennoch keine abstrakten Ideale. Vielmehr gelten sie als anthropomorphe Geistwesen und tragen menschliche Charakterzüge, wie sie von ihnen als gleichzeitig deifizierte Ahnen, überliefert sind. Demnach sind sie außermenschliche, kosmisch vergöttlichte Wesen mit unverwechselbaren Personifikationen. Sie sind, wie wir bereits gesehen haben, nicht nur »edel, hilfreich und gut«, sie sind weit weniger tugendhaft als die Gottheiten im Pantheon der bekannten Hochreligionen, sie sind oft lasterhaft und sanft, lebenshungrig, unberechenbar und träumerisch, beschützend und zerstörerisch zugleich. Insoweit sind sie Ebenbilder der Menschen; und Menschen waren die deifizierten Kulturheroen der Yorubá ja auch einmal gewesen.

In der Yorubá-Mythologie waren sie miteinander verwandt und entwickelten eine bestimmte Hierarchie untereinander[87]. Die Verwandtschaftsgrade sind auch in Brasilien aus mündlichen Überlieferungen noch immer bekannt, sie ergeben aber so recht keinen Sinn mehr, weil viele Orixás als Zwischenglieder der Kette infolge der Sklaverei vergessen worden sind[88] und der Blick auf das Ganze des ursprünglichen Verwandtschaftssystems nicht mehr offenkundig ist. Auch das hierarchische Gefüge ist dadurch nicht mehr in allen Teilen nachvollziehbar. Die in Brasilien noch verehrten, also noch nicht vergessenen Orixás decken auch nicht mehr die »Zuständigkeitsbereiche« aller Naturkräfte ab. Dies wird jedoch von den Gläubigen nicht als Mangel empfunden: Ihre Orixás stehen nach wie vor in ihrer Gesamtheit für die Natur und deren Kräfte schlechthin.

In Afrika gab es eine besondere Bezeichnung für die weiblichen Orixás: sie hießen Eboras. In Brasilien ist diese Bezeichnung nur noch vereinzelt bekannt, man spricht bei beiden Geschlechtern von (männlichen oder weiblichen) Orixás[89].

Wer mit Widersprüchen und Gegensätzen im theologischen Geheimnis nicht leben kann, mag bei den zuweilen wechselvollen, ganz und gar nicht konstant bleibenden charakterlichen Manifestationen der Orixás schier verzweifeln. So reizvoll und inhaltlich geschlossen so mancher Itan aus dem Leben eines Orixás berichtet, so wird dieser Mythos, an dem man verständlicherweise gern festhalten möchte, durch andere Epen wieder gebrochen. Die Menschen haben sich in der langen Kette von Generationen eben recht viele Geschichten erzählt; europäische Widerspruchsfreiheit des Denkens wurde dabei nie angestrebt.

Hinzu kommt, dass jeder Initiierte aufgrund der persönlichen Beziehung mit seinem Orixá diesen noch einmal verändert (nicht nur anders interpretiert, sondern auch anders erlebt). Auch aus diesem Grund kann die verständlicherweise als unverwechselbar gewünschte Identität eines Orixás immer nur annäherungsweise als gesichert gelten.

Selbst die geschlechtliche Identität der Orixás ist nicht immer feststehend. Es gibt ausgesprochen »phallische Naturen« wie Exu oder Xangô, andere Orixás aber wechseln selbst ihr Geschlecht. Es gibt Orixás, die nicht inkorporiert werden, wie Ifá, der Orixá der Weisheit und der Zukunftsdeutung, oder Iroko, der in seinem Baum, der afrikanischen Fikuseiche, lebt. Die Inkorporation von Exu, dem Boten und Vermittler, dem insbesondere seit der Vermischung mit christlichen Glaubensvorstellungen teuflische Eigenschaften nachgesagt werden, gilt als Schande, an der ein Mensch, der sich von ihm berufen fühlt, zerbrechen kann.

Widersprüchliche Legendenbildungen entstanden bereits bei den

Yorubá, so beispielsweise, als sie die große Mutter-Orixá Odudua anlässlich eines, so muss vermutet werden, gesellschaftlichen Übergangs ins Patriarchat »vermännlichten«. Später, insbesondere in den Wirren der Sklavenwirtschaft, wurden unterschiedliche schwarzafrikanische Religionssysteme vermischt, und auch deren Epen und Mythen mündeten in dieser oder jener Variante in einen Kanon ein. Ihr in Brasilien dann einsetzender nochmaliger Veränderungsprozess gründete auch in dem Umstand, dass Abkömmlinge mehrerer afrikanischer Stämme dort zusammentrafen und wiederum ganz andere Legenden ihrer aus Afrika bekannten übernatürlichen Kräfte oder Kräftehervorbringer beisteuerten. Auch im Candomblé werden noch Gêge-Orixás, wie zum Beispiel die chthonische Urmutter Nanã mit ihren Söhnen Omolu und Oxumaré, verehrt und sind in den Kanon der übrigen Kosmo- und Theogonien eingebunden.

Zur widersprüchlichen Legendenbildung hat aber auch die synkretistische Vermischung mit den Heiligen des Volkskatholizismus beigetragen. Viele synkretistische Zuordnungen beruhen auf Ähnlichkeiten im imaginierten Charakter. Das gilt zumal bei Heiligen, die nach der Volksfrömmigkeit bestimmte Zuständigkeitsbereiche innehatten. Die Heilige Barbara z.B. galt und gilt im mediterranen Volkskatholizismus als Beschützerin gegen Unwetter. Sie erfuhr von daher ihre Identifizierung mit Iansan, die über die Naturkräfte der Winde herrscht und gebietet. Lazarus und Rochus wurden zur Heilung aller Art angerufen und konnten deshalb mit Omolu, dem Orixá der Pest und der Pocken, aber auch gleichzeitig dem Heiler und Arzt unter den Orixás, verglichen werden.

Dadurch wurde im Laufe der Zeit afrikanischen Orixás wie christlichen Heiligen eine Doppelrolle zugewiesen, die im Candomblé mancher Gemeinden auf heftige Ablehnung stößt, die aber nie so zwingend wurde, dass man von einer vollkommenen Verschmelzung reden könnte. Viele Candomblé-Angehörige heute unterscheiden deutlich zwischen den Heiligen und ihren Orixás, verehren sie aber beide (sic!).

Kultvorsteherinnen nannten mir – selbstverständlich ohne die Heiligenfiguren mitzuzählen – elf Ausprägungsformen von Xangô, vierzehn von Oxum. Auf diese Weise werden Initianden häufig nicht nur dem »Urtypus« ihres Orixá verpflichtet, sondern einer ganz speziellen Ausprägungsform desselben, die einem differenzierten Stadium seiner Existenz oder aber auch nur einem ganz bestimmten Lebensalter der gleichen Personifikation entspricht. Doch verliert das Ideal der »feststehenden Persönlichkeit« der Orixás schon deshalb an Bedeutung, weil die persönlichen Beziehungen ihrer Kinder, die ständigen und alltäglichen Umgang mit ihnen haben, hineinspielen. Diese Beziehungen verändern nicht nur den Menschen, in dem der Orixá wirkt, sie verändern auch diesen Geist aus dem Bereich des Übernatürlichen. Schon aus diesem Grund muss jede allgemeine Charakterisierung der Orixás vorläufig bleiben.

Feststehend aber sind im Candomblé die Farben und Symbole der Orixás, ihre unterschiedlichen Wochentage, die Speisen ihrer Votivgerichte, die Trommelrhythmen und Tanzschritte und vor allem die komplexe Anordnung und Zubereitung der Opfer, die sie verlangen.

Bei der folgenden Vorstellung der Orixás gehe ich bewusstermaßen nicht von ihrer Hierarchie aus, die in eindeutig greifbarer Form mit der Ausnahme Oxalás als unbestreitbar höchstrangigem Orixá auch gar nicht besteht. Ich beginne mit Exu, dem Boten, mit dem jede Zeremonie beginnt, und der aufgrund der ganz wesentlichen Vermittlungsdienste seinen Nebensitz im Pegi jedes anderen Orixás unterhält. Ich ende mit Oxalá. Eine solche Vorstellung hat in Brasilien schon gute Tradition: Exu weist den Weg und Oxalá ist das Ziel.

Exu

Exus (sprich Eschu) Namen und seiner in vielerlei Varianten schillernden Persönlichkeit begegnet man in Brasilien allenthalben: Sie sind buchstäblich in aller Munde. Dabei gilt Exu selbst als Meister der Kommunikation, der seinen eigenen Mund unentwegt für die Menschen einsetzt und verwendet. Olorun habe ihn mit keiner speziellen Aufgabe aus dem Bereich der Natur betraut und ihn auf seine kommunikativen Fähigkeiten (im Austausch zwischen den

Exu

Orixás und den Menschen) beschränkt, wird berichtet. Und darum rufen ihn die Menschen immer wieder an und versuchen, ihn gewogen zu halten: Er soll sich bei den Orixás für sie verwenden und die Verbindung mit ihnen in Gang bringen. In den Millionenmetropolen kann man buchstäblich über die Geschenke und Opfergaben stolpern, die ihm, hauptsächlich an den Straßenkreuzungen – Exu kennt überdies die Zukunft und die Wege – dargebracht werden: eine geöffnete Flasche Zuckerrohrschnaps, eine brennende Zigarre, ein Blutopfer (zumeist handelt es sich um ein getötetes Huhn). Der für Exu veranstaltete Kult verlässt also immer wieder den Terreiro und begibt sich unmittelbar auf die Straße, mitten ins großstädtische Leben hinein.

Die Candomblé-Zeremonie beginnt stets mit der Anrufung und dem Opfer an Exu, damit er erscheine und die Verbindung mit den Orixás aufnehme. Diese erste Opferung – zumeist handelt es sich um ein zweifüßiges Tier – heißt *Padê de Exu*, ohne sie kann überhaupt keine Zeremonie stattfinden. Auch im Verlauf aller übrigen sakralen Handlungen muss er anwesend bleiben, denn er transportiert den Axé, die überaus bedeutsame mythisch-magische Kraft. Er vertritt kraft seiner kommunikativen Vermittlung die Entfaltung und die Dynamik des individuellen Lebensprinzips als »individualisierte Existenz«[90]. »Auf dieser Ebene ist Exu der Gegenpol zu...(Olorun): Dieser ist das Prinzip der allgemeinen Existenz und jener das Prinzip der individualisierten Existenz...Jede individualisierte Existenz hat ihren Exu. Jeder Orixá hat seinen begleitenden Exu. Durch ihn können sie agieren und kommunizieren, sich entfalten und in Kontakt mit den anderen kommen. Jede Person, jede Stadt, jeder Stamm, jedes Ding, jedes Wesen hat einen individuellen und ›persönlichen‹ Exu.«[91]

Diese theologisch überaus interessante Konstruktion führte in der Umbanda dazu, von einer unbestimmten Vielzahl von Exus auszugehen, die auch im Plural so ge- und benannt werden, während der Candomblé am überlieferten Kollektivsingular »Exu« festhält.

Exu kennt die Sprache und kann auch alle außersprachlichen Gebärden von Orixás und Menschen deuten und übersetzen. Er kennt die Kreuzungen der Schicksale und die Wege zur Zukunft, die Neues in Gang setzen und ermöglichen. Sein Orakel – ein allerdings einfaches »Ja-Nein«-System, bei dem Kaurimuscheln geworfen werden – erfreut sich immer größerer Beliebtheit, nachdem das komplexe, aber interpretationsbedürftige Wahrsagesystem Ifás, des Orixás der Weisheit und Wahrsagung, in Brasilien weitgehend in Vergessenheit geraten ist.

Durch Exu kommt das individuelle Lebensprinzip, die individualisierte Existenz zur Geltung, kommen das Neue, das Gute, Erhoffte zu den Menschen, aber auch die Unordnung, das Chaos, die Konfusion und das Unglück. Dadurch ist er zu einer schicksalsträchtigen Figur geworden, der man auch mit großer Furcht, zuweilen mit Panik und Schrecken, begegnet. Galt er den Yorubá bereits als *Trickster*-Figur (mit übrigens phallisch ausgeprägtem Charakter, Plastiken von ihm in Brasilien tragen noch heute eingravierte Phallussymbole) und stellt man es heute im Candomblé in Frage, ob er überhaupt den Orixás zuzurechnen (und nicht vielmehr nur deren Diener) ist, so spielt er überall dort, wo eine stärkere Berührung mit volkschristlichen Vorstellungen zu spüren ist, noch eine wesentlich andere Rolle: Dort wird er synkretistisch mit dem Teufel identifiziert (selbst in Teilen des Candomblé, wobei er allerdings in allen Kulten, die sich von der Candomblé-Ausrichtung entfernen, weit eher diabolisiert wird) und gilt, je nach Ausprägung des Kults, manchmal sogar als Agent einer einseitig schwarz ausgerichteten Magie. So wird er manchmal mit Bocksfüßen, Hörnern und einem Tierschwanz dargestellt. Das unterstreicht seine animalische Natur.

Die zweite Erscheinung zeigt ihn als Gauner und listigen Betrüger: Das ist eine ihm zugeschriebene soziale Schlüsselrolle. In beiden Erscheinungen erinnert er an Hermes, den Schelm, den unmoralischen Gauner unter den griechischen Gottgestalten, der eben auch chthonisch, ja sogar tierähnlich imaginiert wurde. Gleichzeitig ist er, sobald diese seine negativen Eigenschaften überbetont werden, in seiner für den Ritus so wichtigen Mittlerfunktion entmachtet: In der Umbanda existiert sein bloßer Name schon im Plural – es gibt eine unbestimmte Vielzahl von Exus –, und er untersteht, mehr oder weniger als Teufel, den guten Geistern, den Cabôclos wie den Pretos Velhos. Da also stoßen wir offenbar auf ein anthropologisches Phänomen: Traditionale Religionssysteme wie das der Yorubá konnten mit Exus Ambivalenzen gut umgehen. Auch der an diesem Vorbild orientierte Candomblé, bei dem die sakrale Vermittlerrolle bei der Verteilung des Axé wie das Einstehen für die individualisierte Menschenexistenz betont sind, kann sie gerade noch ertragen, während diese Mehrdeutigkeiten in einer späteren synkretistischen Entwicklung (zum schlechthin Bösen) vereindeutigt werden und somit verloren gehen.

Dennoch bleibt Exu in den diversen Pantheons eine außerordentlich polyfunktionale Kraft; seine Bedeutung ist in ganz Brasilien gegenüber dem mythologischen afrikanischen Ursprung enorm gestiegen. Er wird sogar, synkretistisch betrachtet, nicht nur mit dem Teufel, sondern auch mit Petrus und sogar (auf dem gleichen Weg der zur Gewohnheit gewordenen Heiligenverehrung) mit dem Heiligen Geist identifiziert. Aber er bleibt zwielichtig, er kann sich für die Menschen verwenden, die ihm opfern, und doch ist er der immer unsichere, listige und monströse Kandidat, dem letztlich nie zu trauen ist.

Seine Unberechenbarkeit kann die ohnehin angsterzeugende teuflische Kraft, die man ihm zuschreibt, noch verstärken. Sie dient aber auch häufig dazu, Schuldgefühle wieder abzumildern, indem man die Verantwortung für ein Nichtgelingen auf ihn projiziert und ablädt.

Diese schillernde Trickster-Figur des Exu wird sogar mit der Entstehung des afro-brasilianischen Straßenkarnevals in Verbindung gebracht, wie mir Pai Edu, der Kultvorsteher des Iemanjá-Palasts in Olinda, erklärte: »Die Karnevalsumzüge sind eigentlich ›von Exu‹. Man fuhr den Orixá spazieren. Früher hat die Polizei die Kultvorsteherinnen immer wieder verprügelt und ihre Kultstätten zerstört. Aber die Leute konnten ohne ihre Religion nicht leben. So haben sie eine Art Ritual entwickelt, das sie auf der Straße praktizierten. Wenn die Polizei sie anzugreifen drohte, beschwichtigten sie sie und sagten: ›Aber nein, das ist doch Carneval.‹ So ist das Ganze entstanden.«[92] Mit Exu, dessen Farben rot und schwarz sind, und der in der Aufzählung der Orixás seiner unentbehrlichen Vermittlerrolle wegen zumeist an erster Stelle genannt wird, fängt auch die »afrobrasilianische Woche« an: Sein Tag in Brasilien ist der Montag.

Nanã

Nanã ist in Brasilien eine Mutter-Orixá von hohem Rang. Mit ihr, mehr aber doch noch mit Iemanjá, ist die Tradition der Muttergottheiten nach dem Prozess der »Vermännlichung« der Odudua, die mittlerweile in Brasilien fast vergessen ist, wiederhergestellt. Und selbst an die *Kürbis-Androgynie* von Obatalá-Odudua kann wieder erinnert werden: Wie Iemanjá gilt auch Nanã als Frau von Oxalá.

Anders jedoch als Iemanjá ist sie hochbetagt und wirkt auch ausgesprochen alt. Deshalb wird sie im Heiligen-Synkretismus mit Anna, der Mutter der Gottesmutter Maria, in Verbindung gebracht.

Als chthonische Orixá entstammt sie der Gêge-Tradition und galt dort als Mutter des Erzeugerpaares der Menschen, Lisa und Mawu. In Brasilien gilt sie als Mutter der Orixás Omolu und Oxumaré, die ebenfalls der mythologischen Tradition der Gêge-Stämme entnommen wurden. Sie ist die Orixá des Schlammes, der stehenden Gewässer und des Lehms. Lehm wird auch in den afrobrasilianischen Kulten immer wieder mit dem Schöpfungsakt der Menschen in Verbindung gebracht; bei Nanã allerdings auch mit dem Tod. Denn

Nanã

der von Nanã zum Zweck des Lebens »ausgeliehene« Lehm wird nach dem körperlichen Zerfall des Toten dieser und somit der Erde wieder zurückgegeben, und Nanã fordert ihn auch entschlossen ein. Nanã, die als Mutter innige Liebe erfährt wie – der Todesnähe wegen – zugleich auch Unbehagen einflößen kann, ist »gleichzeitig Mutter und Tod in einem Kreis, in dem das Leben durch den Tod ermöglicht und erneuert wird«[93]. Ihr Tag ist der Dienstag; ihre Farben sind Weiß und Dunkelblau.

Iemanjá

Die bedeutendste Mutter-Orixá in Brasilien ist nicht Nanã, sondern Iemanjá, von der im Buch schon mehrfach die Rede war. Deshalb kann ich mich hier etwas kürzer fassen. Sie ist nicht nur die Orixá des Meeres und des Salzwassers, sondern auch der Fruchtbarkeit der Frauen. Sie gilt als vornehm, stolz und besonders schön. Sie wird, wie wir bereits wissen, mit der Gottesmutter Maria synkretistisch in Verbindung gebracht. Als Mutter ist sie in den Gemütern der Menschen präsent. Ich habe oftmals den Eindruck gewonnen, dass sie die Projektion der Muttersehnsucht aller Afrobrasilianer darstellt.

Gleichwohl ist sie nach vorherrschender Auffassung neben Nanã Oxalás Frau. Auch insoweit können wir eine mythologische Erinnerung an die alte Kürbis-Androgynie assoziieren. Silber und Hellblau sind ihre Farben, ihr Tag ist der Samstag.

Es ranken sich, wie wir schon gesehen haben, viele (miteinander konkurrierende) Mythen um sie: Sie war ursprünglich die Orixá nicht des Meeres, sondern eines Flusses, des Süßwassers also. Als Gebärerin aller Orixás mit Ausnahme derjenigen, die aus der Gêge-Tradition in Brasilien übernommen wurden (Nanã, Omolu und Oxumaré), unterstreicht sie ihre Bedeutung auch in den Theogonien. Ihr Verhältnis zu ihrem Sohn Xangô gilt als besonders innig.

Xangô

Xangô ist ein vielgeliebter und wegen seiner Gerechtigkeit und Objektivität hoch geschätzter Orixá, dessen ausgesprochen männlicher Charakter für Frauen wie für Männer (als Identifikationsfigur) gleichermaßen anziehend wirkt. Ein Itan beschreibt ihn als Herrscher von Oyo, der vor seinem gegen ihn rebellierenden Volk die Flucht ergriff und sich verzweifelt an einem Baum erhängte.

Danach begann er zu donnern[94]. Ursprungsmythologisch ist er auf diese Weise der Orixá des Blitzes und des Donners geworden, der außerdem über die Gerechtigkeit brütet, über sie gebietet und heute wohl auch noch über die Justiz.

Seine übergroße Beliebtheit und Verehrung aber verdankt er dem Umstand, dass er ein ausgesprochen phallischer Orixá ist, der gleichzeitig seinen Verstand zu gebrauchen weiß: auch hinsichtlich der Erhaltung der Gunst seiner Lieblingsfrau Oxum. Mit Ogum, dem Orixá des Eisens und des Krieges, liegt er ihretwegen in

Xangô mit dem Oxé, seinem Emblem einer Doppelaxt, die er hier gleich zweimal mit sich führt

ständigem Streit. Aber Ogum kommt in der Gunst der Frauen nie gegen ihn an. Seine Nebenfrau Obá weist Xangô ständig zurück, sie belästigt ihn. Mit seiner Hauptfrau Iansan, der Orixá des Windes, arbeitet er, der er selbst die Verkörperung von Blitz und Donner darstellt, gut zusammen.

Xangôs Bedeutung war immer schon sehr groß. Um die Jahrhundertwende war er der »populärste Orixá in Bahia«[95]. Seine Beliebtheit drückt sich in Recife und im Bundesstaat Pernambuco dadurch aus, dass die Candomblé-Religion dort direkt mit seinem Namen verbunden ist und kurz und bündig »Xangô« heißt. Seine Farben sind Rot und Weiß, wie die seiner Hauptfrau Iansan, mit der er zuweilen in eins gesehen wird.

Dennoch steht er seiner ausgesprochen virilen Natur wegen als eine relativ eindeutige Orixá-Figur vor aller Augen. Synkretistisch wird er dem Heiligen Hieronymus zugeordnet, wohl deshalb, weil Hieronymus wie Xangô oftmals mit einem Löwen an ihrer Seite dargestellt wurden.

Oxum

Die afrikanische Oxum ist die Orixá des gleichnamigen Flusses (Schreibweise dort: Oshun) in Nigeria, deren Feiertage am dortigen Fluss noch heute volksfestartigen Charakter haben. In Brasilien ist sie die Orixá des Süßwassers und der Liebe, ist präsent in allen Flüssen und Wasserquellen und wird in der Umbanda insbesondere an Wasserfällen verehrt. Sie vertritt die Fruchtbarkeit und die Kunst der guten Küche, genießt auch als Herrscherin über Schönheit und Reichtum hohe Verehrung. Ihr Charakter liegt relativ eindeutig fest. Sie ist die Lieblingsfrau Xangôs und ebenso feminin wie dieser maskulin. Gerühmt werden ihre Verführungskünste wie ihre Klugheit und Verschlagenheit, die sie dazu einsetzt, Xangô immer wieder an sich zu binden. Sie hat ihre Konkurrentin um die Gunst

Xangôs, Obá, dazu gebracht, diesem ihr eigenes Ohr zu kochen und zum Essen darzubieten, um dadurch seine Liebe zu gewinnen.

Xangô jedoch ekelte und erregte sich maßlos, Obá fehlte nun zudem noch das Ohr, und dieser Verlust erst machte sie unansehnlich. Die spöttische und listige Oxum aber triumphierte.

Das ist ein beliebter Itan, über den oft geschrieben wurde und den man sich in Brasilien bei allen möglichen Gelegenheiten immer wieder erzählt. Wie Iemanjá wird auch Oxum mit der Gottesmutter Maria identifiziert; auch ihr Tag ist der Samstag. Ihre Farbe ist Goldgelb. Ihr Ornat ist würdevoll und feierlich und unterstreicht dennoch zugleich ihre Rolle als Verführerin und betörende Frau, aber auch als »Orixá der Liebe«, wie sie verehrungsvoll genannt wird.

Obá

Obá ist – in Habitus wie Persönlichkeit – eine energische, zum Kampf entschlossene Orixá, die oft mit einem Schwert in der Hand dargestellt und deshalb synkretistisch mit der Heiligen Johanna von Orleans identifiziert wird. Wie Oxum ist sie eine Orixá des Wassers, hat jedoch längst nicht dieselbe Bedeutung wie sie. Ihr Tag ist der Mittwoch; ihre Farben sind Rot und Gelb.

Obás kämpferischer Einsatz wird gelobt, aber sie erreicht nicht das, was sie sich – in schmachtender Liebe zu Xangô hingezogen – ersehnt. Ihre Bedeutung in Brasilien ist nicht sehr groß, vermutlich gerade deshalb nicht, weil sie im Vergleich zu Oxum als ewige Verliererin dasteht.

Von ihren Initiierten im Terreiro wird sie oft als eifersüchtige, beleidigte, gegen Oxum aggressiv wütende Frau verkörpert. Ich habe mehrmals erlebt, wie eine im Ornat der Obá befindliche Initiierte ein Standbild Oxums anschrie und sich dabei ein Ohr (das als abgeschnitten imaginierte) zuhielt.

Ihre Farben sind Rot und Gelb; ihr Tag ist der Mittwoch.

Iansan

Iansan, die Hauptfrau von Xangô, mit dem zusammen sie Wind und Wetter besorgt, ist selbst die Herrin des Windes und pfeilschnell wie dieser. Ist auch sie eifersüchtig auf Oxum, so ergreift sie blitzschnell die Flucht, kommt aber kurz darauf und in Windeseile wieder.

– obgleich gerade sie in recht mannigfachen Ausprägungen und Manifestationen präsent sein kann –, sie gilt als eined wichtigsten Orixás überhaupt. Ihre mythologische Nähe zum Tod, von der ich

Iansan

schon berichtet habe, verleiht ihr aber auch eine gewisse Rätselhaftigkeit. Ihre Töchter, die im Terreiro atemberaubend schnell tanzen, zeigen außerhalb des Tempels oft eine Spur Melancholie.

Iansan wird mit der Heiligen Barbara, die im mediterranen Volkskatholizismus über die Kräfte des Windes gebietet, identifiziert. Ihre Farben sind, wie die Xangôs, Rot und Weiß, meist aber sind die ihr gewidmeten Ketten und Armbändchen in ein lebhaftes Nur-Rot getaucht; ihr Wochentag ist, wie im Falle Xangôs, der Mittwoch.

Oxumaré

Oxumaré ist der Orixá des Regenbogens und stellt mit diesem die in unzähligen Farbschattierungen gestaltete Verbindung zwischen Firmament und Erde dar. In seinem Regenbogen transportiert er zugleich das Wasser in die immer brennende Feuerwerkstatt Xangôs, dessen Diener er ist. Sein Andenken verdankt sich wie das seiner Mutter Nanã der Gêge-Tradition. Schlangen sind seine Embleme, mit denen er oft dargestellt wird. Er wird als zweigeschlechtlich imaginiert; sein Wochentag ist der Dienstag; seine schimmernden Farben sind Grün und Gelb; er wird mit dem Heiligen Bartholomäus synkretistisch verbunden.

Omolu

Omolu ist ein »transnationaler«, in mehreren Teilen Afrikas unter verschiedenen Namen bekannter Orixá. Sein Wirken ist höchst ambivalent. Er steht sowohl dem Leben wie dem Tod, den Krankheiten und Epidemien wie der Heilung und (wiedererlangten Gesundheit) nahe und gilt auch als Arzt unter den Orixas. Um seine Potenzen ranken sich wahre Schauergeschichten in Brasilien, ins-

Omolu: Unheil, Krankheit, Fäulnis, Tod? Oder doch noch Heilung und Rettung? – Im Hintergrund das Kreuz der Kirchen.

besondere außerhalb des Candomblé und im Umkreis der schwarzen Magie. Ja, man kann sagen, dass er ähnlich gefürchtet ist und zu Irritationen Anlass gibt wie Ogum und Exu.

Im Candomblé scheint sich indes der Glaube an seine heilende Wirkung durchzusetzen. Wegen der hochgradigen Ambivalenzen seines Wesens und seiner Macht wird er synkretistisch mit Lazarus und damit mit Tod und Auferweckung in einem, in Verbindung gebracht, aber auch mit Rochus, der als Heiler unter den Heiligen des Volkskatholizismus gilt. Sein Tag ist der Montag, seine schokkierenden Farben sind Rot und Schwarz. Die ihm zu Ehren getragenen Ketten in abgedumpftem Schwarz-Weiß heben sich sofort von der Farbenpracht der übrigen Orixá-Ketten ab und erinnern mich immer sogleich an Unheil.

Sein Pegi ist von den anderen Altären des Terreiros getrennt. Mit dem Xaxará, seinem Besen, bewegt er sich vorwärts. Mit ihm, so glaubt man, kann er alle Krankheiten und Epidemien hinwegfegen. Seine Kinder, die ihn, oftmals auch mit diesem Besen tanzend, inkorporieren, erscheinen mit einer Strohkapuze, mit der sie ihren Körper, sogar das Gesicht, verbergen, damit »die Pocken« nicht zum Vorschein kommen. Denn Omolu ist als Naturphänomen der furchterregende Orixá der Pocken, die er den Legenden nach am ganzen Körper trägt.

Ogum

Ein Itan erzählt, Ogum sei der Sohn des (in der Tradition inzwischen vermännlichten) Odudua aus dessen Verbindung mit Iemanjá. Ogum gilt als Kulturheros der Yorubá, als Orixá des Eisens und des Krieges. Seine Bedeutung bei den historischen Yorubá war ganz enorm und wirkt bis in unsere Zeit hinein: Die Yorubá schwören noch heute bei seinem Namen[96]. »Dies ist neben dem Schwur bei der Erde der gewichtigste traditionelle Schwur.«[97]

Frauen zu verführen und an sich zu binden, ist seine Stärke indes nicht, weshalb er Xangô im Kampf um die Gunst Oxums ständig unterliegt. Als Herr der Kriege wird er stattdessen als außerordentlich streitsüchtig, gewalttätig und unberechenbar imaginiert. Er ist ein Orixá, dem bei den historischen Yorubá immer auch Menschenleben geopfert wurden. Heute werden ihm von Schmiedemeistern in Nigeria und Brasilien – vollkommen eigenständig und außerhalb von irgendwelchen Kultstätten – Hunde geopfert.

Hubert Fichte berichtet aus den sechziger Jahren von mehreren Menschenopfern für Ogum in Brasilien, wobei er einen der Geopferten – ein Junge, fast noch ein Kind – selbst gesehen hat: »Von den Hüften abwärts alles voller Opfertiere. Nur die Brust ist unbedeckt. Rechts und links am Brustkorb tiefe Einschnitte.«[98] Später sah er den Leichnam noch einmal an einer Straßenkreuzung liegen, »bedeckt von Blumen und Opfergaben«[99], und zwei »Jahre später – Weihnachten 1970 – lag an derselben Stelle ein geopferter Säugling«[100]. Was damals im Umkreis kleinerer Candomblés noch möglich war, dürfte heute als überwunden gelten. In Krisenzeiten aber könnten *Trabalhos*, »Arbeiten« für Ogum, die der starke, unbeherrschte Orixá des Krieges, vom Blickwinkel seiner Anhänger aus

Ogum

116

gesehen, einfordert, durchaus wieder virulent werden. Sonst aber hört man dergleichen immer nur aus dem Umfeld kleinerer Kulte, abseits vom Candomblé und in den armen Außenbezirken der *Favelas*, die stark von der schwarzen Magie beeinflusst sind.

In Brasilien war Ogum für den Aufruhr und die Aufstände der Sklaven gegen die weißen Herrscher und Sklavenhalter von großer Bedeutung. Über seine »Säkularisierung« zum Patron der Autofahrer und aller Leute, die beruflich mit Metallen zu tun haben, habe ich schon gesprochen. Sein Schrein steht zumeist in einem naturbelassenen Hain außerhalb des Terreiros.

Synkretistisch wird er mit dem Heiligen Georg, zuweilen auch mit Antonius identifiziert; sein Tag ist der Dienstag, und seine Farbe ist Dunkelblau.

Oxossi

Ogums Bruder, Oxossi, dessen Pegi auch »im Gestrüpp« außerhalb des Terreiros steht, ist ebenfalls ungestüm und wild. Er ist der Orixá der Jagd und selber Jäger. Seine Embleme sind Pfeil und Bogen; sein Tag ist der Donnerstag, seine Farben sind Hellgrün und Blau. Synkretistisch wird auch er mit dem Heiligen Georg verbunden.

Sofern er nicht gerade auf der Jagd ist, beschützt er den Wald und die Tiere. In der Umbanda führt er die Gruppe der Cabôclos, der indianischen Totengeister, an.

Iroko

Der Orixá der afrikanischen Fikuseiche (Feigenbaum) und damit aller Bäume schlechthin ist Iroko. Sein Kult hat sich in Brasilien nur noch in Spuren erhalten. Er hat keinen besonderen Pegi und Sitz im Terreiro. Sein Geist wohnt im Baum, der von Gemeindemitgliedern mit einem weißen Tuch umwickelt wird. Opfergaben werden ständig erneuert und vor ihm ausgebreitet. Seine Farbe ist Weiß, sein Tag ist der Dienstag.

Iroko hat in Brasilien keine Kinder, in denen er sich verkörpert, der Baum selbst ist die kosmische Theophanie: ein stets sich erneuerndes Symbol des Lebens.

Ibeji

Zwillinge genossen bei den Yorubá ein hohes Ansehen, ihre Abkunft wurde mythologisch gedeutet. Der Orixá Ibeji nun ist ein deifiziertes Zwillingspaar; ihm entsprechen in Brasilien synkretistisch die Märtyrer Kosmas und Damian, welche die Schutzheiligen der Ärzte und Apotheker sind. Ibejis Farben sind bunt, und seine Kette ist nuancenreich in allen Farbtönen gemischt. Unter Ibejis Schutz stehen die Kinder; und Kinder kommen auch an seinem Tag, der nach dem katholischen Festkalender am Namenstag von Kosmas und Damianus, am 26. September stattfindet, zu einer Art Kinderfest in den Terreiro. Es wird viel gesungen und auch gelacht; zuweilen – ich habe es so erlebt – entwickelt sich aus dem Fest auch eine Art Armenspeisung, insbesondere für die bedürftigen Kinder in der Umgebung des Terreiros.

Erwachsene, die von Ibeji besessen werden, verhalten sich ausgesprochen kindisch, sprechen mit hoher, kindlicher Stimme, fordern Bonbons, Kaugummi und Spielsachen. Diese Verniedlichungsformen des Kults spielen insbesondere in der Umbanda eine große Rolle, bei der sich der Ibeji-Kult allerdings zur Anrufung und Inkorporation von Crianças, Kindergeistern, verwandelt hat. Ibejis Tag in Brasilien ist der Sonntag.

Ifá

Ifá ist der Orixá des Orakels, der Wahrsagung und der Voraussage jeglichen Schicksals. Er besitzt alle Weisheit und jedes Wissen, kennt Vergangenheit, Gegenwart und Zukunft. Seine Bedeutung war in Afrika ungleich größer als sie im heutigen Brasilien ist. Selbst die anderen Orixás sollen sich bei ihm Rat geholt haben. Die synkretistische Identifizierung mit dem Heiligen Geist bzw. mit dem Allerheiligsten (ganz unbefangen im Stil der volkschristlichen Heiligenverehrung) unterstreicht jedoch seine gegenwärtige Relevanz auch für Brasilien. Ifás Farbe ist Weiß; ihm ist in Brasilien der Montag gewidmet.

Im Kultleben spielt er allerdings eine weniger bedeutungsvolle Rolle: Er kann nicht inkorporiert werden und ist deshalb in den Gemeinden kaum präsent.

Allerdings hat er einen eigenen Kult mit einer speziell ausgebildeten Priesterschaft: die *Babalaôs*. So nennt man die Wahr- und Weissager, die die *Kette des Ifá*, *Opelê* genannt, befragen. Die Kette besteht aus sechzehn Palmnüssen, die mit einem Eisendraht miteinander verbunden sind. Das Wurfergebnis ist einer komplexen Interpretation bedürftig. Die wichtigste Weissagung im Candomblé dreht sich immer wieder um die Frage, welchem Orixá ein ganz bestimmter Mensch (Initiand) zugehört. Nur der Babalaô weissagt hier sicher und zuverlässig, indem er den göttlichen Willen interpretiert und projektiv ermittelt. Die heute übliche, sehr viel häufigere Befragung der Kaurimuscheln (siehe die Beschreibung von Exu) gibt nur Ja-Nein-Antworten und ist weit weniger zuverlässig.

Allerdings gehört der Babalaô nicht zur Candomblé-Gemeinde und muss gewissermaßen von außen konsultiert werden. Das mag ein Grund dafür sein, weshalb der Berufsstand dieses hohen Würdenträgers, übrigens ganz im Gegensatz zu den kubanisch-karibischen Gepflogenheiten der dort ausgeübten Yorubá-Religion, in Brasilien mittlerweile vom Aussterben bedroht ist. Ein anderer Grund ist darin zu erblicken, dass sich immer weniger Menschen zu der äußerst langwierigen Ausbildung – bei der der Lehrer selbst ein voll ausgebildeter Babalaô sein muss – bereit finden.

Der Babalaô hat überdies bestimmte Gebote der Enthaltsamkeit zu beachten, er muss alkoholabstinent sein, und in dem Haus, in dem er lebt, darf keine Frau wohnen. Wenn auch die Regeln nicht in allen Punkten so streng wie beim Zölibat der Katholiken sind, so gibt es hier wie dort einen erschwerten Zugang und demzufolge auch einen »Priestermangel«.

(Für den Candomblé bedeutet das, dass Weissagungen bei der Initiation mit dem Ziel der Fixierung einer Person auf ihren Orixá heute in erster Linie mit dem weit weniger sicheren Medium der Kaurimuscheln erfolgen, allerdings wird mit Sorgfalt in mehreren Schritten immer wieder überprüft, ob die Verbindung zum geweissagten Orixá tatsächlich zutrifft. Dies geschieht durch die Kultvorsteher unmittelbar.)

Ossaim

Ossaim ist der Orixá des Blattgrüns und der Kräuter, der heilenden und im Candomblé in den verschiedensten Kulthandlungen auch liturgisch verwendeten Pflanzen. Seine Kräuter können auch direkt Axé freisetzen. Ossaim, der oft als beinamputiert oder nur auf einem Bein stehend porträtiert wird, hat in Brasilien – darin gleicht er Ifá – keine eigenen Initiierten und kann nicht inkorporiert werden.

Eine Sonderstellung unter den Orixás ergibt sich aber auch bei ihm, denn ihm ist eine unabhängige und selbständig organisierte Priesterschaft zugeordnet, die *Babalossaim*: Diese »bilden nahezu einen geheimen Bund im Candomblé. Denn die Wirkung der Pflanzen, die Art ihrer Sammlung und Vorbereitung ist nur den Babalossaim bekannt. Hier sind rituelle und medizinische Kenntnisse gefordert.«[101]

Oxalá

Oxalá war auch bei den Yorubá in ihrer jüngeren afrikanischen Geschichte der bei weitem mächtigste Orixá; dort ist er unter dem Namen *Obatalá*, der auch im brasilianischen Candomblé noch genannt wird, bekannt. Im innersten Kern seines Wesens und vor allem wohl in der von gesellschaftlichen Umwälzungen nicht unbeeinflusst gebliebenen Mythologie hat er allerdings die erstaunlichsten Metamorphosen – bei einer an Verwandlungen und Neu-Anverwandlungen ohnehin nicht gerade sparsamen Religion – aufzuweisen.

Aus dem mythologischen Urgrund ragt zunächst – offenbar zur Blütezeit des Matriarchats – die Erdgöttin Odudua auf. Sie war »wie Obatalá eine Schöpfergottheit, von der es sogar heißt, sie habe getrennt von Olorun und schon vor diesem existiert«[102]. Es könnte bei Odudua also der gleiche göttliche Mutterursprung vorliegen, den wir aus so vielen Religionen und Gesellschaften kennen, und der dann später, bei der Zurückdrängung des Matriarchats, die bekannten Verwandlungen und Vermännlichungstendenzen – auch in der Mythologie – erfahren hat. Mit Bestimmtheit allerdings lässt sich dies nicht sagen; wir haben keine Quellen, nur Vermutungen. Gleichwohl galt die Erdgottheit als der weibliche Teil des kosmischen Zeuger- und Schöpfungspaares, welches Himmel und Erde in sich vereinigte; galt Odudua als »Frau Obatalás, wobei sie diesem gleichgestellt...(war). Obatalá (Himmel) und Odudua (Erde) symbolisierten zusammen die Welt, was durch zwei aufeinander liegende Schalen dargestellt ist.«[103] Später dann wurden beide als männliche Orixás imaginiert – spätestens mit dieser Umformung der Odudua zum Maskulinen taucht, für mich unabweisbar, der patriarchalische Sündenfall in der Geschichte auf, der die Mythen umfunktionierte –, und die beiden Geschlechter und Personen des ursprünglichen Kürbis verschmolzen in der geschichtlichen Entwicklung zu einem einzigen Mann: Obatalá oder Oxalá. Einschneidende Vorgänge, und doch es gibt auch im lebendigen Mythos Erinnerungen noch an die ganz alten Theogonien, so, wenn von Oxalá im heutigen Brasilien gesagt wird, er sei prinzipiell zweigeschlechtlich, trage also die Geschlechtsmerkmale von Mann und Frau in und an sich, oder wenn er als Gemahl der Muttergottheiten Nanã und/oder Iemanjá, die insoweit und im Volksglauben gut und gern die Stelle Oduduas einnehmen können, gilt.

Oxalás Vormachtstellung unter den Orixás gilt in Brasilien als unbestritten. In dieser besonderen Rolle wird er auch, nach den Vorstellungen der Gläubigen, von allen übrigen Orixás respektiert und anerkannt, wobei sich seine besondere Position in Brasilien durch die synkretistische Identifikation mit Jesus Christus, mit dem er allerdings kein historisches oder gar biblisches Merkmal gemeinsam hat, noch verstärkt hat. Olorun hat ihn mit Schöpfungsaufgaben betraut – so die in Brasilien weitergereichte Überlieferung –, und Oxalá erschuf den Menschen, formte ihn aus Lehm. Oxalá gilt als gemäßigt und beherrscht, die Farbe seines Kults ist Weiß. Es ist die Farbe von Leben und Tod, über die er gleichzeitig gebietet, wie über den Anfang und das Ende der Dinge und über die Schöpfung überhaupt. Wasser, Erde und Luft sind seine Urelemente[104].

Die Vorstellung seines zweigeschlechtlichen Wesens ist in Brasilien allseits bekannt. Auf Bildnissen und in der Verkleidung der Initiierten tritt er aber in zwei ganz anderen Ausprägungsformen (beide männlich) auf: einmal als kranker, alter und gebückter Mann

– *Oxalufã* genannt –, der sich auf seinen Paxorô, einen Stab aus Silber stützt, zum anderen als vitaler junger Mann mit dem Namen *Oxaguíã*, mit silbernem Helm als Kopfbedeckung und einem silbernen Schwert in der Hand. »In diesen zwei Darstellungsformen spiegelt sich die Verantwortung, die Oxalá für das Leben der Geschöpfe trägt, für den ständigen Zyklus der Geburt, des Alterns und Sterbens.«[105]

Oxalá wird in Brasilien geliebt, geschätzt und hoch verehrt, auch in den vom Candomblé entfernten Kulten. Im Candomblé wie in der Umbanda wird er gern zärtlich als *Pai*, als Vater, gepriesen und angesprochen. Maßgeblich für diese hohe Verehrung, die ihm zukommt, ist sicherlich auch seine synkretistische Verbindung mit Jesus Christus. Der Todestag Jesu, der Freitag, ist Oxalás Tag in Brasilien.

Oxalufã, gestützt auf seinen Paxorô, der oftmals, wie auch sein Umhang, von einer Taube gekrönt wird

123

Initiationsriten

In den Ritus, das geordnete Geschehen, die immer wiederkehrende mystische Glaubenspraxis einer Gemeinde, muss ein junger Mensch erst eingeführt werden. In Europa sprechen wir von Kommunion, Firmung oder Konfirmation, im Candomblé bezeichnen wir diese Einführung und gleichzeitige Einweihung als Initiation.

In archaischen Gesellschaften stellt die Initiation das allmähliche Hinführen der Heranwachsenden in die Gemeinschaft der Erwachsenen dar, und zwar sowohl in sakraler als auch in profaner Hinsicht. Die Initiation beinhaltet immer die Konfrontation mit dem Unheimlichen, dem Schrecken und der Angst, zum Teil unter Herbeiführung seelischer Schmerzen und körperlicher Wunden, mit denen der Initiand umzugehen lernen muss. Bevor die Initianden in die sakralen Bräuche eingewiesen werden, werden sie auf dramatische Weise erschreckt. Oft werden sie ihren Müttern geraubt, müssen sie Mutproben bestehen und Entbehrungen kennen lernen. Die Unterweisungen in die mythisch-magischen Rituale sind so tiefgreifend, dass viele ihre Sprache verlernen und später selbst ihre nächsten Verwandten von neuem kennen lernen müssen.

Ein Prozess der Menschwerdung

Auf diese Weise erfährt der Initiand seine zweite Menschwerdung: Alles Übrige muss er nun selbst regeln. Er wird seine Sprache wiederfinden, seine Verwandten erneut kennen lernen und – das ist ganz entscheidend und neu – soziale Verantwortung übernehmen. Die rituelle Abgeschiedenheit in der Einweihungshöhle hilft ihm, diesen Prozess der neuen Menschwerdung auch als Einzelner zu verkraften.

Nicht zu übersehen ist dabei die im jungen Menschen erwachende oder schon erwachte Subjektivität: Er fühlt sich frei von den Fesseln der Natur, die die ihn umgebende Tierwelt beherrscht; ihm erwachsen überschüssige Energien und eine Fülle von Lebensentwürfen und Projektionen. Die gerade erlernten mythischen Gebräuche und religiösen Praktiken haben auch die Funktion, das Chaos dieser lebbaren Entwürfe und ihre Überfülle zu bändigen und der erblühten Subjektivität Ausdruck zu verleihen.

Im afrobrasilianischen Candomblé ist diese Einweihung wohl doch etwas weniger »erschreckend«, aber nicht weniger tiefgreifend. Sie findet in städtischen Kulturen, zumeist in den Millionenmetropolen Salvadors, Rios, São Paulos oder Recifes statt. Sie ist freiwillig und kostet erhebliche Geldsummen – auch hierin zeigt sich ein urbaner, hochkultureller Vorgang. Der objektiv-sakrale Charakter bringt strenge Enthaltsamkeitsgebote mit sich. Auch hier lernt es der Initiand, Verantwortung zu übernehmen, wenngleich sie auf das Religiöse beschränkt bleibt: Sein soziales Umfeld ist keine Stammesgesellschaft; was er draußen, sobald er den Terreiro verlässt, vorfindet, ist industriegesellschaftlich und pluralistisch vorgefertigte Wirklichkeit.

Die Initianden sind absolut neu im Tempel, sie müssen sich erst eingewöhnen. Bei irgendeinem Ibeji-Kinderfest, das ja nach dem katholischen Kalender am Namenstag von Kosmas und Damian, am 26. September, stattfindet, waren sie vielleicht mit ihren Eltern zum ersten Mal im Terreiro. Aber sie waren spielende Kinder, trugen keinerlei religiöse Verantwortung, waren in den Mythos nicht eingebunden; jetzt werden sie es sein.

In der Herausbildung seiner Subjektivität weiß sich der in der religiösen Abgeschiedenheit heranreifende Initiand durch seinen persönlichen Orixá ergänzungsbedürftig. Diesen kennt er womöglich noch nicht – nur wenige Initianden kommen mit einer ausgesprochenen »Berufung« ihres Orixá, die sich in vorausgegangenen »wilden«, unkontrollierbaren Trancen manifestiert haben mag –, doch die Orakel des Babalaô oder der Ialorixá bzw. des Babalorixá werden ihn weissagen und offenbaren. Der Orixá des Menschen – sein persönlicher Orixá – wird dann alle Wege seines Lebens begleiten und seine Geschicke bestimmen. Vorher jedoch hält doch auch der Schrecken seinen Einzug im Terreiro: Der Orixá erweist sich – hier bin ich geneigt, die entscheidenden Vorgänge wiederum in der Sprache des Theologen Rudolf Otto[106] zu dokumentieren – als numinose Macht, als *mysterium tremendum*, dem sich der noch nicht mit ihm vertraute Initiand voller Schauder langsam öffnet, vor ihm zurückschreckt und sich doch gleichzeitig wieder nähert.

Faszination und Schrecken

Das gilt insbesondere für die Höhepunkte der Prüfungen, in denen so viel Ungewohntes und Ungeahntes auf den Initianden einströmt, etwa wenn er eine ganze Nacht lang mit dem verkrusteten Blut der Opfertiere auf dem Körper vor dem ebenfalls blutbeträufelten Sitz seines Orixá verharrt. Dass das Mächtige, dunkel Bedrohliche und Geheimnisvolle seines Orixá den Initianden dann aber auch fesselt und fasziniert, gehört ebenfalls zu den religiösen Erfahrungen, die er lernen muss. Hinter der Gewöhnung an Schrecken und Faszinosum zugleich stehen Vorgänge, denen religionspsychologisch ein tiefer Sinn zukommt. Die Erfahrung nämlich, dass hier übernatürliche Kräfte am Werk sind, die die Initianden in ihrem Wesen, in ihren Ambivalenzen und Potenzen kaum verstehen oder gar nicht verstehen können, muss durchlebt, mit Zittern und Faszination zugleich beantwortet werden. Das Göttliche ist ein Erzittern machendes Geheimnis, so hat es Otto in seinem 1916 erschienenen, noch

126

heute oft besprochenen Buch »Das Heilige« eindrucksvoll hervorgehoben. Otto schreibt: »Von dieser ›Scheu‹ und ihrer ›Roh‹-form, von diesem irgend wann einmal in erster Regung durchgebrochenen Gefühle eines ›Unheimlichen‹, das fremd und neu in den Gemütern der Urmenschheit auftauchte, ist alle religionsgeschichtliche Entwicklung ausgegangen.«[107] Die kulturhistorische Entwicklung solcher Vorgänge wird hier sozusagen als individuelle, quasi »ontogenetische« wiederholt. Beide Phänomene aber – Schauder und Faszination – durchdringen sich in der religiösen Entwicklung auf Schritt und Tritt, auch noch in der Psyche der Erwachsenen. Wenn sie aber in der Initiation daran gewöhnt wurden, haben sie den überaus wichtigen Umgang mit ihnen bereits erlernt.

Das »ganz Andere« der Initiation ist aber auch der Bruch und deutliche Kontrast zum Leben »draußen«, das in den urbanen Zentren der Dritten Welt nie ruhig verläuft. Die Abgeschiedenheit und Stille in der Einweihungszelle dient ganz der Selbstfindung und Selbstvergewisserung, der Meditation.

Der soziale Hintergrund

Salvador, die erste Hauptstadt Brasiliens, die Stadt des Heiligen Erlösers an der Allerheiligenbucht, wie sie von den Portugiesen nach dem Tag ihrer Entdeckung benannt wurde, die Stadt des Dichters Jorge Amado und seiner »Herren des Strandes«, Hauptumschlagplatz der afrikanischen Sklaven, die von hier aus ihren Weg in harte Fron und Knechtschaft antraten, ist auch für die Heranwachsenden von heute keine Idylle. Hier beginnt die Favela – das Armenviertel – bereits im Zentrum der Stadt: Verfallene Villen aus der Kolonialzeit wechseln sich ab mit Läden, Bars, Abfallhaufen und Bordellen. Diese Gegenden sind nicht ungefährlich, und die Jugendlichen werden früh mit harter Armut konfrontiert. Krankheiten grassieren, die Ansteckungsgefahr ist permanent.

An Bildungs- und Ausbildungsmöglichkeiten herrscht absoluter Mangel, die Initiation wäre da die große Ausnahme, aber sie verschlingt gewaltige Summen, die längst nicht jede Familie für ihre Kinder aufbringen kann.

Weniger wahrscheinlich als in São Paulo oder Rio ist es allerdings, von rassistischen Polizisten mit faschistoider Gesinnung einfach über den Haufen geschossen zu werden – Gewaltakte der schlimmsten Art, denen in den vergangenen Jahren nicht nur schwarze Straßenkinder ausgesetzt waren –, aber rechnen müssen die Kinder und Jugendlichen auch hier mit sehr viel Unheil.

Recife, das Zentrum des Xangô, wie der Candomblé dort heißt, ist noch weitaus armseliger als die eben genannten Millionenstädte. Kinderkriminalität und Kinderprostitution sind dort an der Tagesordnung – wer arm geboren wurde, dem bleiben nicht viele Optionen.

Ich ertappe mich selbst dabei, dass ich zu Beginn des Kapitels noch vom Idealfall ausgegangen bin oder diesen für die Kinder und Jugendlichen geradezu herbeisehne: dass nämlich Initiation denen zukomme, für die sie ursprünglich gedacht war. Heute aber gilt das nicht einmal mehr als Norm: Der für ganze Monate aufzubringende Unterhalt im Terreiro, vor allem aber das Geld für die geschlachteten Opfertiere, ist dermaßen teuer, dass ein mit dem Mindestlohn oder gar unterhalb dieser Grenze »ausgestatteter« Familienvater es sich unmöglich leisten kann, seine Kinder initiieren zu lassen.

Daher sind Erwachsene im Ilê Axé, in der Einweihungszelle, heute sogar in der Mehrzahl. Darunter sind wiederum mehr Frauen als Männer, weil sie sich nach einer weit verbreiteten Meinung als Medium eines Orixá eben besser eignen. Männer begnügen sich daher oft mit einem niedrigeren Initiationsgrad.

Ich spreche daher im Folgenden bewusst von der Initiandin: Denn es sind überwiegend Mädchen und Frauen, die ihrer Initiation wegen im Ilê Axê, der Einweihungszelle, versammelt sind.

Bindung an den Orixá

Ziel der komplexen Initiationsrituale, die bis zu einem Jahr in Anspruch nehmen können – eine Zeit, in der die erwachsenen und sonst berufstätigen Initiandinnen buchstäblich nichts verdienen können – , ist es, dass die Einzelne ein festes Band mit ihrem Orixá knüpft: auf Lebenszeit. Diesen verkörpert sie fortan, empfängt ihn tanzend und im Stadium der Trance.

Was immer die Initiandin an mythisch-magischen Praktiken in dieser langen Zeit auch unwillkürlich »mitbekommt« und erlernt: das Ziel ist einzig und allein diese Verbindung. Jeder Mensch im Candomblé ist nur einem einzigen Orixá zugeordnet. Und nur dieser kann sich in der Zeremonie in seinem Kind inkorporieren. Die Verbindung zwischen Orixá und Mensch beruht aber nicht auf Auswahl, Willkür oder Sympathie; sie ist ein Band, das von Geburt an (latent, noch nicht bekannt) bis zum Tod des Menschen besteht.

Eine wichtige Aufgabe der Ialorixá oder des Babalorixá besteht darin, den einzig richtigen Orixá für die Initiation herauszufinden. Hier zeigen sie ein hohes Maß an Verantwortung, Empfindsamkeit und Sensibilität. Sie befragen, falls kein Babalaô als Ifá-Weissager zur Verfügung steht (zum »aussterbenden« Beruf des Babalaô vgl. die Beschreibung des Orixá Ifá), die Kauris, beobachten aber ständig genau und probieren in den einzelnen Phasen der Initiation schrittweise aus, ob die Verbindung tatsächlich zutrifft.

Jeder Fehler, jede Ungenauigkeit in dieser wichtigen Frage kann die Initiandin vor schwerwiegende Identitätsprobleme stellen und sie seelisch krank machen. Unbestimmtheit oder gar die Bestimmung eines für das Individuum nicht zutreffenden Orixás sind Fehler, die dem Kultvorsteher persönlich zur Last gelegt werden. Desintegration, ja sogar Tod der Initiandin könnten hier die Folgen sein.

Ein Wechsel und somit eine neue Initiation auf einen anderen Orixá ist möglich, wird aber von der Initiandin als Qual und von der Ialorixá oder dem Babalorixá als persönliche Blamage empfunden.

Die Stadien

Im Folgenden entwickele ich ein kleines Etappenschema eines Initiationsprozesses, von dem es aber eben immer auch Abweichungen gibt. Die Abfolge der Stadien jedoch entspricht einem feststehenden Muster. Die wichtigsten Stadien, bei denen stets zu Beginn einer jeden Zeremonie Exu geopfert werden muss, sind:

Lavagem das Contas (Rituelles Waschen der Perlen)
Steht die Zugehörigkeit zu ihrem Orixá fest, so wird die dem Orixá zugeordnete Perlenkette mit den für diesen typischen Farben bzw. Farbkombinationen mit Wasser, Kräutersud und Seifen rituell gewaschen, ebenso der Kopf der Initiandin, welcher künftighin dem Orixá gehört. Der Orixá einer Person wird im Laufe der Initiation zum »Dono de Cabeça« (wörtlich: Besitzer des Kopfes), durch den er bei jeder Inkorporation in die Initiandin eintritt. Der Vorbereitung des Kopfes der Initiandin dient eine ganze Reihe von Zeremonien bis hin zur »Kahlrasur« (s. weiter unten). Gewaschen wird schließlich auch der Sitz im Pegi des Orixá. Dadurch wird eine erste bewusste Verbindung zwischen dem Orixá und seinem Kind, insbesondere deren Kopf und Perlenkette hergestellt. Zur Intensivierung der Beziehung wird die Kette mit dem Blut eines Opfertiers beträufelt und mit dem Stein, in dem sich der Orixá fixiert, verbunden. Die Kette bleibt eine ganze Nacht lang auf dem Otá liegen. Bei der vollen Initiation (es gibt auch Teil-Initiationen, die an dieser Stelle bereits aufhören können) wird ein neuer Otá für den persönlichen Orixá der Initiandin bereitgestellt und eingeweiht. Rituelle Waschungen folgen, und die profanen Kleider werden gewechselt.

Bori (dem Kopf zu essen geben)

Tiere werden geschlachtet, und ihr frisches Blut läuft auf und über den Kopf der Initiandin. Ihr Kopf wird so mit Kraft gestärkt. Dieses Blut wird auch über den Otá oder die Metallinsignie des Orixá, mit dem sich die Verbindung ständig intensiviert, gegossen. In diesem Zustand muss die Initiandin eine ganze Nacht lang bei ihrem Orixá verweilen. Der Bori-Ritus kann mit allen Vorbereitungen und Einzelheiten Tage in Anspruch nehmen. Er wird mehrmals aufgefrischt und wiederholt.

Tatsächlich verzehrt wird aber auch beim Bori etwas: Zunächst werden den Orixás wie den Seelen der Verstorbenen die symbolischen Speisen angeboten; diese aber werden später auch gekocht und von den Anwesenden gegessen. Der Initiandin allerdings werden ungekochte, blutige Teile davon auf den Kopf gelegt.

Wieder folgen rituelle Waschungen. Die Initiandin ist zur *Yaô*, zur Novizin geworden. Als Yaô übt sie sich in den Riten und verrichtet auch selbst – unter Anleitung – Arbeiten im Terreiro, studiert die Itans, die von ihrem Orixá erzählen, studiert die Musik, erlernt die Tanzschritte ihres Orixás, erhält Einblicke und weitere Einweisungen in die Religion, wobei sie ihrer Ialorixá oder dem Babalorixá absoluten Gehorsam schuldig ist und auch erweist.

Kahlrasur und Übergang in ein neues Leben

Auf dem nächsten Höhepunkt des Geschehens erfolgt ein Bad mit heiligen Kräutern (Ariaxé). Die Novizinnen werden kahlgeschoren, die Kopfhaut wird mit dem *Faca virgem*, einem Messer, das man nur ein einziges Mal benutzen darf, aufgeritzt und mehr oder weniger symbolisch eingeschnitten – um dem Orixá das Eindringen zu erleichtern. Das Blut wird mit Kräutern gemischt, und ein Abdruck der Verbindung von Orixá und Mensch kommt durch die Berührung von Otá und Kopf, mit Blut und Kräutern, vor allem aber mit dem Axé, der magisch-mythischen Kraft, die vom Orixá ausgeht, zustande. Im Otá also wird diese Verbindung zwischen

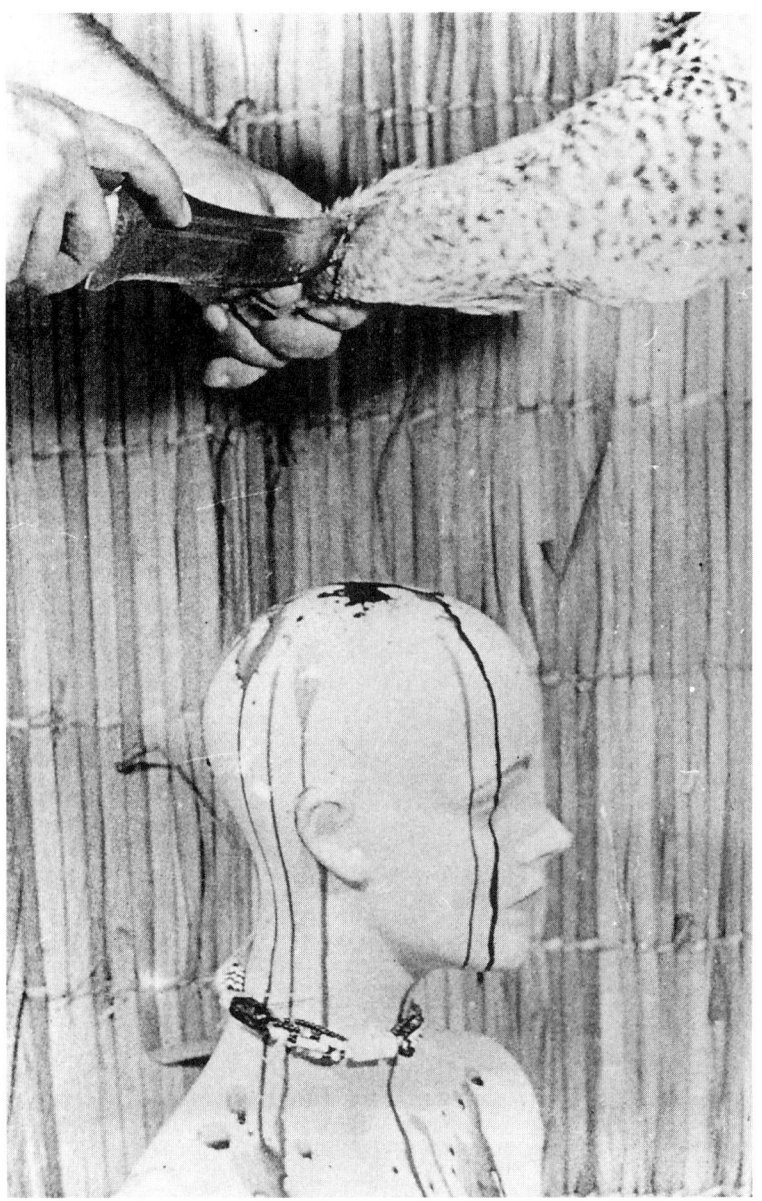

Orixá und Mensch geradezu materialisiert, und auf diesem »Abdruck« treffen Orun (die Welt des Jenseitigen, des Nichtfassbaren) und Aiye (die Dinge des Fassbaren) zusammen. Orun und Aiye haben sich vereinigt und vereinigen sich bei jeder späteren Inkorporation zwischen Orixá und Mensch.

Die Otás gehören zu den wichtigsten Heiligtümern eines Candomblé-Terreiros. Sie werden angebetet.

Diese komplette und vollständige Erst-Initiation stellt gleichwohl den Beginn einer umfassenden religiösen Ausbildung dar, die im Siebenjahresrhythmus sieben, vierzehn oder einundzwanzig Jahre lang dauern kann. Sieben Jahre nach der Einweihung darf ein Initiierter den Otá, auf dem die Verbindung mit seinem Orixá festgehalten wurde, aus dem Terreiro holen, ein Vorgang, den man aus Angst, dem Stein könnte etwas zustoßen, nur dann unternimmt, wenn man einen eigenen Tempel gründen will. Dazu benötigt man den Otá, den man in die Erde unterhalb des neu zu gründenden Terreiros eingräbt.

In einer der abschließenden Zeremonien werden die Initiandinnen im Gesicht, an Armen und am Oberkörper mit weißen Punkten bemalt, sie bleiben noch einige Zeit in der Einweihungszelle. Danach verkörpern sie als Yaô in einer öffentlichen Zeremonie zum ersten Mal ihren Orixá. Für viele Yaôs ist dies der Höhepunkt ihres Lebens.

Danach gibt es mehrere Anlässe, bei denen die Initiandinnen für eine genau begrenzte Zeit die Einweihungszelle verlassen und ins Freie treten dürfen. Beim Austreten sind sie vom Geschehen noch sehr gefangen: Immer wieder werden dabei sanfte Trancen beobachtet.

Die gesamte Inititation, in deren Zentrum die Fixierung auf einen einzigen Orixá steht und in der die Initiandinnen ihren geheim zu haltenden heiligen Namen, den *Nome*, erhalten, nimmt häufig über ein Jahr in Anspruch. Sie verschlingt – ich möchte es noch einmal unterstreichen –, gerade bei diesen zumeist ja nicht begüterten

Menschen gewaltige Summen. Wohnung, Unterhalt, Kleidung für einen Zeitraum von mehreren Monaten, vor allem die Opfertiere, die geschlachtet werden müssen, lassen die Kosten in die Höhe schnellen. Nach abgeschlossener Initiation veranstalten die nun Initiierten daher einen kleinen Markt, bei dem sie, noch immer in leichten Trancen auftretend, Habseligkeiten verkaufen, um wenigstens einen Teil der Kosten wieder einzuspielen.

Die Initiierten dürfen bis zu einem Jahr nach abgeschlossener Fixierung keinen Geschlechtsverkehr haben, auch später nicht an dem Wochentag des Orixá, an dem sie dessen Hausaltar schmücken und ihm ihre besondere Ehrerbietung erweisen. Strenge Enthaltsamkeit gilt auch für die Kultvorsteher während der Dauer der Initiation.

Vielfältiges Afrobrasilien – Wie die Religionen »leben«

Die Trance ist wie der Tod für das profane Leben.
Wenn man in Trance gerät, stirbt man für das weltliche Leben und
wird für das göttliche Leben, für ein Leben des Axé, geboren.[108]

Expedito Basílio de Paiva, Axogum

Die große Provokation

Die Vitalität und mythische Kraft des Candomblé muss auf Angehörige unserer mitteleuropäischen Gesellschaften wie eine große Provokation wirken. Das wird einer Vielzahl von Brasilienreisenden unmittelbar augenfällig, auch wenn sie in den Wesenskern der afrobrasilianischen Religionen gar nicht tief eindringen mögen und aus eher touristischem Interesse und mehr oder weniger zufällig nur einer einzigen Zeremonie beiwohnen.

In meinen Vorträgen zum Thema bin ich fast immer auf den Vergleich mit der bei uns steril gewordenen Religion, einmal sogar wörtlich auf die »Langeweile des säkularisierten Taufchristentums« angesprochen worden. Immerhin konnte ich darauf verweisen, dass es auch bei uns noch authentisch gelebte Formen der Religionsausübung, ja sogar das Phänomen eines schier »unkontrollierbaren« religiösen Bedürfnisses gibt, womit ich gar nicht einmal an den Eklektizismus der pazifistisch-egalitären Blumenkinder-Romantik mit seinem bewusstseinserweiternden Grenzgängertum im Zwischenbereich der verschiedensten exotischen Mythen und Praktiken dachte. Diese Formen des Aufbruchs sind seit der intellektuellen Abflachung der ehemaligen Absetzbewegungen inzwischen ja selbst steril geworden, und die wenigen »experimentellen« Grüppchen haben sich überall aufgelöst. Von den bizarren pseudowissenschaftlichen und multinationalen Sektenkonzernen kann das große Faszinosum auch nicht mehr ausgehen, und die massenhaft auftretenden Wahrsager, die großen Vereinfacher aus dem Ufo-Bereich der »außerirdischen Bruderschaften« und alle anderen arglistigen

Scharlatane können einem mit wohlfeiler Mythosware und aufdringlichem Mythospalaver nur noch an den Nerven zehren.

Nein, ich dachte in meiner Antwort an das fragende Publikum in Taizé, die Erneuerung alter liturgischer Religiosität um Roger Schutz, gleichzeitig an die Sammlung von Menschen, die sich als Anwälte der unterdrückten Schwestern und Brüder in aller Welt verstehen, an Spiritualität und Lebendigkeit im Glauben, die so tiefgreifende Spuren hinterlassen können, dass ihre Träger offenbar von »offizieller Seite« immer wieder gebremst werden (müssen), ich dachte an Ziele, die viele entflammen: die Erhaltung der Einheit der Schöpfung, das Festhalten an Liebe und Nächstenliebe in einer vielfach gespaltenen Welt, ich dachte dabei immer auch an Religion mit freigebiger Offenherzigkeit, mit Reformbereitschaft und »in Verantwortung« und vieles mehr. Wobei wir durchaus von der Vitalität anderer Religionen lernen können und wollen.

In ganz Lateinamerika versuchen die nordamerikanischen fundamentalistischen und evangelikalen Sekten – sonst durchaus im Einklang mit der sinnleeren Fassadenwelt der US-»Warenkultur« – seit Jahren Fuß zu fassen, was ihnen nach anfänglichen Erfolgen in Brasilien immer weniger gelingt. Lediglich in Zeiten der sozialen Krisen können sie, die sie immer gleich Wunder versprechen und verkünden, in die großen Fußballstadien einziehen und unter viel Geschrei – zum Teil mit Selbstbezichtigungen und einstudierten Sündenbekenntnissen der Sektenführer – Bekehrungen vornehmen. Dieses auf Krisenzeiten reduzierte Erfolgsrezept teilen sie im Übrigen mit den einseitig auf die schwarze Magie *(Magia para o mal)* fixierten afrobrasilianischen Gruppen. Die Kultvorsteherin Yá Marinete weist mich allerdings darauf hin, dass die Fundamentalisten beim Candomblé und der Umbanda »in die Schule gegangen« seien. Evangelikale Spitzen und »Spitzenverdiener« hätten sich sogar initiieren lassen, um aus afrikanischen »rituellen Techniken« zu lernen, wie es »zu machen« sei, und was man »anstellen« müsse, um zu noch »effizienteren« Bekehrungsaktionen zu kommen.

Ich selbst bin mit brasilianischen »Bekehrten« dieser Richtungen zufällig auf der Straße in Berührung gekommen. Zu meinem großen Erstaunen musste ich feststellen, dass diese verbohrten und verklemmten Leute wohl an die Existenz der Orixás glaubten, sich sofort aber ihren »Todfeind« ausgesucht hatten: Exu. Die Orixás wie insbesondere alle Exus – sie sprachen von ihm in der Pluralform, wie es in der Umbanda üblich geworden ist – würden durch die Kraft des Fundamentalismus in den Schlamm oder in den weit geöffneten Schlund der Hölle verbannt und dort unnachgiebig zertreten werden. Ein Redner spannte seine Gesichtsmuskeln so, als würde er selber zum Tritt ausholen.

Geschadet haben die Bekehrungsaktionen der Fundamentalisten jedoch in erster Linie dem Katholizismus. Dôm Paulo Evaristo Kardinal Arns, den ich in São Paulo besuchte, sagte mir aufs Tonband: »Jedes Mal, wenn eine Krise kam, dann konnten diese Religionen, die Wunder versprechen und in den Stadien groß auftreten, die konnten dann wachsen. Also die Armut, die spielt wirklich eine kolossal große Rolle bei Leuten, die eine Lösung finden müssen und eine Lösung finden wollen für eine kurze Frist, für sofort. Sie müssen eine sofortige Lösung haben, weil sie nichts zu essen haben. Oder: Sie müssen eine sofortige Lösung haben, weil sie keine Arbeit mehr haben oder weil sie sehr krank sind. Das wird wirklich von diesen Sekten ausgenutzt. Auch sagen wir, dass diese Leute keinen Frieden haben in der Familie. Deswegen sind die Kinder auf der Straße und werden ermordet von der Polizei: Jeden Tag zwei in São Paulo und in Rio – jeden Tag, jeden Tag, jeden Tag –, Kinder, die ermordet werden, was etwas Fürchterliches ist! Die Polizei schießt einfach darauf...Die Leute geben selbst auch wenig fürs Leben, das ist auch eine andere Sache wieder, weil das Leben keinen Inhalt mehr hat, nicht wahr? Also müssen wir dafür sorgen, dass das Leben einen Inhalt bekommt und etwas ausdrückt, was ich mir erwünsche vom Tiefsten der Seele: Das genau bringen diese Sekten nicht mit.«

Während die Befreiungstheologen mit ihrer Synthese aus Berg-

predigt und Sozialismus nahe am Puls der Zeit und ihrer lateinamerikanischen Wirklichkeit bleiben – wenn Rom sie nur gewähren
ließe! –, kann man Vergleichbares für unsere europäischen Verhältnisse nicht feststellen. Deshalb ja auch laufen die Menschen den
Kirchen noch immer in Scharen davon. Statt aus Fehlern zu lernen,
bleiben die Offiziellen stumm oder auf Kleinigkeiten wie das
»sündhafte« Überqueren einer Rot anzeigenden Fußgängerampel
versessen. »Wie«, so fragt ein subtil geschriebener Artikel von
Gerhart Herold zu Chaostherie und Chaostheologie, »kann sich
Religion befreien aus einer Kaffeehaus-Atmosphäre, wo man in
Gott nur den Hort des 'Wahren, Schönen und Guten' sieht oder den
kleinkariert-bürgerlichen Wächter einer lächerlichen Ordnung?
Wie kann man mit der hebräischen Welt Gott als schöpferischen
Chaoten erfahren und damit einer postmodernen Sicht der Wirklichkeit entsprechen, die längst die Anthropozentrik dieses Jahrhun-
derts hinter sich gelassen hat?«[109]

Sehnsucht nach Unmittelbarkeit der Erfahrung in der Religion

Krisengeschüttelt in unserem alten Europa stellt sich seit langem
die gesamte subjektiv-religiöse Glaubenspraxis, zumal das innere
Gebet, dar. Gelichtete oder leere Kirchenbänke sind nur deshalb
spektakulärer, weil sie direkt ins Auge fallen. Das innere Gebet
aber wird kaum noch gepflegt, und selbst dort, wo sich Menschen
darum bemühen, erhalten sie wenig Beistand oder Unterstützung;
ich kenne das aus endlos langen Diskussionen mit Menschen, die
ernsthaft um ihren Glauben ringen. Sie spüren, wie die Gedanken
ihnen fortfliegen, wie sie sich gehetzt und aufgepeitscht fühlen
durch die die Reize überflutenden mannigfachen Anforderungen
ihres zivilen Alltags. Das lang andauernde innere Gebet kann hier
sogar psychische Angst erzeugen, ohne auch nur im Geringsten

religiös zu erschüttern. Wer bei uns kann schon, wie der Initiand im Candomblé, Stunden um Stunden im Gespräch mit seinem Gott verharren? Manch einer mag, durchaus mit den besten Vorsätzen ausgestattet, nach Sekunden schon entschuldigend flüchten, rasch ein kurzes »Amen« sprechen, weil er die Einsamkeit des Gebets, die Konzentration und Besonnenheit nicht länger aushält. Die Krise des inneren spirituellen Lebens hängt wohl auch mit dem Umstand zusammen, dass man uns das Ernstnehmen unserer subjektiven Wunschwelt, unseres tatsächlichen Begehrens als eminent wichtigen Bestandteil auch unseres religiösen Fühlens und Erlebens nach Strich und Faden ausgetrieben hat. Die Menschen wissen ja kaum noch, was sie beten und um was sie bitten sollen oder dürfen.

Deshalb verstummen sie lieber, »riskieren« nichts mehr oder flüchten sich in Banalitäten, die kaum mehr etwas mit ihnen zu tun haben. Dabei wäre alles so einfach, wenn sie sich – jenseits der Dressurakte und Selbstzensuren – nur eingestehen könnten, dass religiöse Praxis immer auch auf das Schrankenlose, Entgrenzende und Wunderbare setzt. Welch einen (oftmals zugeschütteten) Reichtum an Fantasie, welch einen Fundus von eigenen Anliegen und Wünschen könnte gerade ein Gebet offenlegen, das sich um die verinnerlichten Gebetszensuren nicht schert! Stattdessen wird im liturgischen Gebet der Gemeinde dann mühselig und für den Einzelnen durchaus nicht immer plausibel, herausgeschält, was seine »eigentlichen« – gar nicht immer nur die transzendenten – Anliegen sein sollen. Wobei wiederum das Beispiel der katholischen Kirche zeigt, dass Gebete für die Kirchenoberen auf keinen Fall vergessen werden dürfen.

Die Initiierten der afrobrasilianischen Religionen kennen solche Gebetshemmungen nicht. Was erwünscht, ersehnt oder auch nur in zarten Regungen oder süßen Glückszuständen erahnt wird, kann und muss religiös zum Thema gemacht werden, im Terreiro oder vor dem Hausaltar des Orixás, beim Behördengang, im überfüllten Omnibus oder im Gewühl der Straßen. Der brasilianische Franzis-

Candomblé: Handauflegen der Kultvorsteherin; im Hintergrund werden
die Trommeln geschlagen

kanerpriester deutscher Abstammung, Volney Berkenbrock, hat als befreiungstheologisch orientierter Christ nicht nur eine wichtige und überzeugende Arbeit zum Candomblé geschrieben – auf die ich mich in diesem Buch mehrmals beziehen durfte –, er hat im Anhang seiner Dissertation auch einen Dokumentarteil in Form protokollierter Interviews über den persönlichen und sehr intimen Umgang von Initiierten mit ihren Orixás veröffentlicht: Dinge, aus denen Christen für ihre eigene Glaubens- und Gebetspraxis eminent hinzulernen könnten. »Der Orixá ist also mein Freund, mein Bruder, mein Genosse«, sagt darin ein Babalorixá. »Ich weine mit dem Orixá, ich spiele mit dem Orixá, und ich streite manchmal auch mit ihm. Die Religion bringt dir diese Vertraulichkeit. Diese Vertraulichkeit ist nicht unsichtbar, sie ist eine energetische Vertraulichkeit. Ich meine, die große Mehrheit der Candomblé-Anhänger wird dem Candomblé immer treu bleiben, obwohl sie vom Land, von der Politik, von den Freunden, von der Familie enttäuscht sind. Vom Orixá werden wir nie enttäuscht sein.«[110]

Wiederentdeckung des Magischen

Freilich: in den afrobrasilianischen Religionen werden die entscheidenden Angelegenheiten und Anliegen des Lebens magisch gedeutet. Auch das wurde uns einer lange während kulturellen Entwicklung hindurch ausgetrieben. Gerade in jüngster Zeit – und sicherlich verstärkt noch im Zusammenhang mit dem verteufelten Eso-Boom – wird wieder einmal abgegrenzt und ausgegrenzt, wird die verdammende Bedeutung des Magischen und aller »primitiven Regungen« herausgestellt, weil man dahinter noch immer die nicht ausgerotteten »heidnischen« Praktiken wittert. Magisch aber war unser Denken seit der Kindheit; erinnern wir uns: Mit magischen Vorstellungen sind wir aufgewachsen. Alles, was wir nicht begriffen hatten oder uns nicht erklären konnten, deuteten wir magisch.

Magische Vorstellungen durchziehen die Kulturen der Welt und können für alle Zeiten, auch beim modernen Menschen, nachgewiesen werden. Nur sind wir so erzogen, dass wir schon den Begriff »Magie« ausschließlich den archaischen Kulturen zuordnen und für uns Zivilisationsmenschen negativ besetzen. Der zivile Mensch aber belügt sich, wenn er sich nicht eingesteht, dass seine Freundschafts- und Sympathiebezeugungen überlagert sind von magischen Inhalten, dass er sich mit magischer Kraft in den magischen Blick einer geliebten Person verlieben und manchmal auch verlieren kann.

Ungeachtet dieser offenbaren Denk- und Gebetsblockaden erlebt das magische Denken auch hierzulande eine erstaunliche Renaissance. New Age-Autoren schreiten da enthusiastisch voran, und ein neugieriges und staunendes Publikum erweist sich ganz erwartungsgemäß als fleißige Leserschar. Gerade »naturmagische« Philosopheme kursieren im stetig anwachsenden Strom des spekulativen Denkens, die aber, wie bei uns üblich geworden, oft beliebig mit allem nur Denkbaren und Möglichen »vernetzt« werden und so als »Anything goes«, oft mit wissenschaftlichen und pseudowissenschaftlichen Theorien überlagert, kaum beglaubigt und verinnerlicht werden können.

Auf den Krisenstationen unserer Krankenhäuser, dort, wo unsere irdische Existenz aufs Ärgste bedroht ist und auf dem Spiel steht, ist alles plötzlich ganz anders. Ich war selbst dort und habe es erlebt. Meine ersten Aufzeichnungen ähnelten denen eines Ethnographen, der fassungslos notiert, wodurch ihm Hören und Sehen vergangen ist. Patienten wie Angehörige, unter ihnen selbst Atheisten, kehren plötzlich um und nehmen zu magisch-religiösen Handlungen Zuflucht. Krankenhausseelsorger, durch tägliche Leiderfahrungen geprüft, keinesfalls aber geschwächt – Seelsorger sind oft noch die Einzigen, die sich der Anstößigkeit des Leidens und des Sterbens stellen –, unterstützen sie dabei. Der Seelsorger, der weiß, dass er gefordert ist, kann gar nicht anders. Hier wird »hemmungslos« gebetet, Gott um die Gnade des ewigen Lebens, häufiger allerdings noch um die Erhaltung des irdischen Daseins, angefleht, was beileibe nichts »Anstößiges« ist: Die ganze animalische Natur ist zutiefst lebenserhaltend und wehrt sich zu sterben.

Sich dem Faszinosum öffnen

Die Frage ist eben nur, warum angesichts dieser äußersten Bedrohung erst die Hemmungen beseitigt und die Hüllen des Zivilisationsmenschen fallen gelassen werden: Geld für die Armen, Gebete bei Kerzenlicht, dieses oder jenes Gelübde – »nur: lieber Gott, lass mich durchkommen, lass mich (oder diesen Menschen) am Leben«. Die steril gewordenen Taufchristen, selbst eingefleischte Atheisten, kehren an der Daseinsgrenze um, sie setzen nicht nur das – oft seit Jahrzehnten – abgerissene Gespräch mit Gott fort, sie fangen von einem auf den anderen Augenblick an, mit ihm zu handeln und zu feilschen und bezeugen auch damit – wie die Geschichte der Religionen und auch der vertiefte Blick in die Bibel zeigen –, in welch guter Gesellschaft sie sich befinden. Mein Krankenhausseelsorger sagte mir aufs Tonband: »Der Prozess des Feilschens ist ein urmenschlicher Prozess, und wir wissen ja auch..., dass er einer der Phasen ist, die bei den Sterbeschritten immer wieder versucht werden. Es gibt gute Belege in der Bibel, wo gefeilscht wird, es gibt Psalmen, wo dann der Psalmsänger seine Gelübde erfüllt, die er vorher Gott gelobt hat, und sein Lobpreis in der Gemeinde, im Tempel zu Jerusalem nichts anderes als die Erfüllung des Gelübdes ist; also dass er seinen Preis zahlt, den er mit Gott ausgefeilscht hat; alle, die mit Gott um die Substanz des Lebens feilschen, sind in bester Gesellschaft.«

Ein katholischer Priester, Martin Merz, schrieb in der Ausgabe der Wochenzeitschrift »DIE ZEIT« vom 1. November 1991 unter dem Titel »Anarchie in Bahia« einen Hymnus auf die Lebens- und Liebeslust der Bahianer und feierte darin die »farbigen Gottheiten«, die Orixás. Von seiner Konversion war im Artikel zwar nicht die Rede, aber jeder, der ihn liest, spürt, dass in und mit diesem Mann merkwürdige Dinge passiert sein müssen. Ich hatte seinen Essay über Jahre hinweg aufbewahrt und auch in Brasilien bei mir. Ich las ihn auf den langen Omnibusfahrten immer wieder.

Dass katholische Priester konvertieren und, nach entsprechender Ausbildung und Initiation in der jeweiligen afrobrasilianischen Religion, zu Kultvorstehern werden, ist zwar keine alltägliche, aber auch keine völlig unbekannte Tatsache. Pai Edu, der Kultvorsteher des Iemanjá-Palastes im tropisch-heißen Olinda, erzählt mir seine Geschichte. Er sei einmal Priester der katholischen Kirche gewesen, dort aber »rausgeschmissen« worden, nachdem er einen Geist empfangen und daraufhin als Ketzer diffamiert worden sei. Heute ist er ein angesehener Pai de Santo einer großen Gemeinde. Er steht zu seiner eigenen Geschichte wie zu der der Schwarzafrikaner überhaupt. Er betont die Liebe zu den Armen, besonders zu den elternlos aufgewachsenen Kindern, für die er »Mutterersatz« leiste. Immer wieder verdeutlicht mir Pai Edu, dass die Kulte als dämonisch abqualifiziert und die Schwarzen von den »noblen und christlichen Weißen« wie Tiere behandelt wurden. »Aber wir Afrikaner«, betont er ernst und dennoch stolz, »wir haben unser Leben, um zu geben, um uns zu verschenken. Der Candomblé sagt: ›Öffne deine Arme, mach dich auf. Tue das, was du noch nie zuvor gemacht hast.‹ Dann fängt man an, besser zu leben.«

Pai Edu ist ein liebens- und achtenswerter Mann, dessen Begeisterungsfähigkeit und Fantasie allerdings oft mit ihm durchgehen. Obgleich ich ihn außerordentlich schätzen gelernt hatte, wusste ich nie, ob ich ihm das alles glauben konnte, was er sagte. Dennoch versorgte er mich mit guten Tips und ausgeprägtem Insider-Wissen, auch über die Umbanda und über die stärker indianisch beeinflussten Kulte im Norden des Landes. Und so folgte ich auch einigen Spuren, die er gelegt hatte.

Durch Städte und Terreiros

Ich besuchte ärmliche Hinterhof-Zeremonien und reich geschmückte Terreiros. Ich geriet auch in Gegenden, die für einen
Ausländer »wenig geeignet« sind. In Belem fand ich mich in einem
Gewirr von Bretterbuden wieder, hoffnungslos verloren und ohne
zu wissen, wie ich aus dieser Gegend ohne befestigte Straßen oder
wenigstens Gässchen je wieder herauskäme. Ich nahm dort an einer
Pajelança-Zeremonie teil, bei der ich beim anschließenden Festessen einen widerlichen Brei herunterwürgen musste. Es wurde mir
strikt befohlen! Von der Zeremonie habe ich nicht viel mehr mit-
bekommen, als was ich früher zur Pajelança schon einmal bemerkt
habe. Es war ein großes Durcheinander, in dessen Mittelpunkt der
Cabôclo rauchend tanzte. Die Favelados kamen und gingen, einige
tanzten, rauchten, nickten, setzten sich, standen auf, aßen eine
Kleinigkeit und verschwanden wieder. Nur die Trommeln dröhnten
unentwegt, die Trommler waren schweißüberströmt. Der Cabôclo
legte mich auf die Couch des Nebenzimmers und wollte mir dort
meine Zukunft deuten. Dagegen allerdings wehrte ich mich – mit
Erfolg. Auch später nach einer nächtlichen Candomblé de Cabôclo-
Zeremonie in Fortaleza musste ich überdeutlich zu erkennen geben,
dass ich an einer Weissagung und Zukunftsdeutung nicht im Geringsten interessiert sei. Ich musste mich allerdings erklären: Ich
wolle mein Leben riskieren, wolle es wagen, ohne schon alles
darüber zu wissen. Der Kultvorsteher akzeptierte das nicht; im
Gegenteil, er, mit dem ich mich zuvor noch angeregt unterhalten
hatte, wurde sehr böse und auch misstrauisch gegen mich. Es war

schon vier Uhr morgens. Und die Gegend war nicht sicher und ebenfalls von Bretterbuden umgeben.

Ich aber musste noch eine ganze Stunde lang warten, da die Initiierte, die mich hingefahren hatte, regelrecht um Erlaubnis bitten musste, ob sie mich ins Hotel zurückbringen dürfte. Immerhin erlaubte der Kultvorsteher ihr das.

Im Vorkarneval war ich wieder in Olinda, acht Kilometer von der Millionenmetropole Recife entfernt. Zwischen beiden bitterarmen Städten mit ihrem kolonialen Gepräge – in Olinda stehen die herrlichsten Barockfassaden, von Palmenhainen umgeben – pendelte ich hin und her. Hier im Nordosten Brasiliens ist der Carnaval noch sehr urtümlich und immer wieder mit afrikanischen Elementen durchsetzt. Er hat mit Ausnahme der beiden Biermarken, die bei fast jeder Veranstaltung präsent sind, keine vermarkteten Merkmale, wie sie für den von illegalen Lotteriebossen in Beschlag genommenen Carnaval Rio de Janeiros typisch sind.

Szenisch-dramatische Darbietungen

Obgleich hier das Armenhaus Brasiliens ist, ist die Lebensfreude unbeschreiblich. Ich begab mich sofort ins muntere Treiben, was viel Ausdauer erforderte: Rund um die Uhr herrscht Bewegung. Ich folgte den spontanen Musikgruppen, die sich lärmend durch die engen Gässchen hindurchzwängten, tanzte überhitzt und wohl auch schweißüberströmt auf der Straße.

Narkotisierend dann der *Maracatu*: eine vorbeidefilierende Demonstration eines afrikanischen Königspaares anlässlich seiner Krönung. So soll es in Afrika gewesen sein. Königin und König sowie ihre wichtigsten Vertrauten und Pagen waren auch bei diesen tropisch-heißen Temperaturen würdevoll gekleidet; nur die lockeren und lustigen Spaßmacher beiderlei Geschlechts – einmal auch eine Tricksterfigur, die mich an Exu erinnerte – nahmen es mit Garderobe und Etikette nicht so genau. Trommler-Batterien begleiteten den Umzug, sie schlugen starke, aber gleichmäßige Rhythmen, die die Zuschauer in rege Vibrationen versetzten.

Mit Spannung erwartet wurden auch die szenischen Darbietungen in Tierkostümen von der Art des »O Meu Boi«, die in immer gleichen Abfolgen von einem Ochsen erzählen – an dessen Stelle kann aber auch ein Stier treten –, der getötet und wieder zum Leben erweckt wird. Darstellungen dieser Art sind ebenfalls afrikanischen Traditionen entnommen und entfalten ihre Lebendigkeit und Vitalität durch ihren besonderen pantomimischen und tänzerischen Ausdruck. Auch der Afoxé, als »Candomblé der Straße« in ganz Brasilien bekannt, bereitete sich schon für die Umzüge vor. Ich musste weiterreisen und konnte diese Auftritte, die ich aus den Vorjahren kannte, nicht mehr abwarten. Ernsthafte Candomblé-Angehörige sprechen hier allenfalls von Folklore, wenn Afoxé-Darsteller in den festlichen, den Ornaten der Orixás nachempfundenen Kleidern durch die Straßen ziehen. Die teilnehmenden Akteure aber fassen auch dieses Schauspiel als eine solide theatralische Demonstration des afrobrasilianischen Bewusstseins auf.

Nach Salvador kehrte ich, ebenfalls noch im Vorkarneval, zurück. Auf den Straßen und Plätzen des Stadtzentrums waren hier immer wieder *Capoeiras* zu sehen, afrobrasilianische Schaukämpfe, mit deren beständigen Übungen die einstmals im Gegensatz zu den Aufsehern und Sklavenhaltern unbewaffneten Sklaven ihre Körper stählten. Der Kampf lebt aus der pfeilschnellen Bewegung, wobei die angedeuteten Attacken der beiden Kontrahenten fast ausschließlich von den Füßen und Beinen ausgehen. Er wirkt – und ist – zugleich spielerisch leicht: Die wechselseitigen Angriffe scheinen einander unaufhörlich Antwort zu geben und bilden in ihrer beeindruckenden Körpersprache eine harmonische Ganzheit. Die kämpferische Herausforderung des einen Kontrahenten wird mit dem Gegenschlag des anderen beantwortet, und doch sind Angriffe wie Gegenattacken nur angedeutet, die Kämpfenden berühren sich nicht wirklich.

Zum Kampfesrhythmus der singenden und nachklingenden Saite des Berimbau, eines Bogeninstruments, der von einem feststehenden Gesang begleitet wird, beginnen die Kontrahenten spielerisch-tänzelnd ihre Nahkampfimitation. Durch virtuose und akrobatische Einlagen, durch unvermittelte und plötzliche Attacken und Tritte, häufig nach einem blitzschnellen Kopfstand aus der Luft heraus, vermögen sie immer wieder Spannung zu erzeugen. Und doch fasziniert mehr noch die Choreographie der beiden Körper mit ihren komplementär aufeinander abgestimmten Kampfeshandlungen im stets beschleunigten Rhythmus des Berimbau.

Die Capoeira ist körperbetontes Schauspiel, sportliche Ertüchtigung und Eleganz, Choreographie, Kampf, Rhythmus, Gesang, Harmonie und Tanz in einem. Und sie war wohl auch einmal ein Ritual gewesen. Freunde erzählten mir, dass vor Jahren noch vor den Kampfeshandlungen die Orixás angerufen wurden. Ganz offenbar besteht dieser Brauch aber nicht mehr. Ich jedenfalls habe die Capoeira in dieser Form nie gesehen.

Die Bedeutung des Sozialen

Die Terreiros waren großenteils geschlossen. Im berühmten Kulthaus Ilê Iyá Omi Axé Iyamassê besuchte ich die Ialorixá Cleusa, die mir ein Interview gab und mich zudem noch mit einer Flasche Zuckerrohrschnaps beschenkte. Ihre verstorbene Mutter war die ehrwürdige, weit über die Grenzen Brasiliens bekannt gewordene Mãe Menininha do Gantois, die als Ialorixá schon zu Lebzeiten zur Legende geworden war. Mãe Menininha ist 1986, 92-jährig, verstorben. Ihr Wohnraum ist eine Art Museum, ausgestattet mit sakralen Kleidern, Schriftstücken, persönlichen Erinnerungen, Geschenken aus aller Welt. Im Zentrum des Museums befinden sich in mehreren Schreinen die kostbaren Gewänder der Orixá des Süßwassers und der Liebe, »Oxum mais bonita« – »Oxum, die Allerschönste«, wie die Gehilfin der Ialorixá rezitierte – mit ihren gold-gelben Farben. Die legendäre Ialorixá war eine Tochter Oxums gewesen.

Eine andere Ialorixá ist so berühmt, dass man dem Taxifahrer nur ihren Namen zu sagen braucht, um in der Millionenmetropole schnell und ohne Umwege hinzukommen: Mãe Stela. Von ihr lernte ich das soziale Engagement der Candomblé-Gemeinden kennen. Dieses ist nicht, wie im Christentum, direkt religiös motiviert. Wie man überhaupt feststellen muss, dass man mit Befreiungschristen nicht nur über das Gebot der Nächstenliebe, sondern über geradezu alle politischen und vor allem sozialistischen Theoreme – auch und gerade über die marxistischen und neomarxistischen Ansätze – ausgiebig diskutieren kann, mit Candomblé-Angehörigen nicht. Die sind in ihrer Mythologie »zu Hause« und nicht mit sozial- und ideologiekritischer Terminologie groß geworden, sie haben das »Diskurswissen« nicht. Mãe Stela ist da vielleicht die Ausnahme, denn sie holt weit aus und beweist – pausenlos rauchend und mich direkt fixierend – ihre unzweifelhafte Autorität, ihr überragendes Wissen und ihre Intelligenz. Was sie über ihre Religion sagt, äußert sie so sicher, wortgewandt und selbstbewusst, als habe sie jede Aussage persönlich und quasi verbindlich-empirisch auf ihren Wahrheitsgehalt überprüft. In Fragen des sozialen Engagements aber braucht sie keinen theoretischen Bezugspunkt und äußert sich unmittelbar praktisch: »Im Leben eines Menschen spielt nicht nur die Religion eine Rolle. Deshalb verbinde ich in unserem Terreiro die religiöse Arbeit mit der sozialen. Wir lehren den Glauben an die Orixás, geben aber auch den Kindern und Erwachsenen die Voraussetzungen für ein glückliches Leben außerhalb des Terrei-ros, in der Gesellschaft. Wir haben hier eine Schule, eine Werkstatt für Schlosserei, für Handwerksarbeiten, wir haben auch ein Näha-telier.«

Die Feste

Beeindruckt fahre ich ins Hotel zurück, ziehe mich um. In der Nacht erwartet mich ein neuer Höhepunkt meiner Reise: Wahl und Vorstellung der »Beleza negra«, wie die afrobrasilianische Schönheitskönigin genannt wird, die jedes Jahr im Vorkarneval gewählt wird. Eingerahmt wird diese Großveranstaltung von der Musikgruppe Ilê-Aiye. Können dem Candomblé grundsätzlich auch Weiße beitreten, so gilt dies bei den meisten afrobrasilianischen Musikgruppen, so auch bei dieser, nicht. Die Gruppe propagiert den Stolz, schwarz zu sein, und spielt entsprechend rhythmisch und auch jazzig, mit manchmal berauschenden Orchesterkaskaden, auf. Ihre Arrangements werden teilweise von religiösen Themen getragen, kreisen aber auch um die ehemaligen Sklavendeportationen und die soziale Benachteiligung der Schwarzen, auch noch im heutigen Brasilien. Die Gruppe kleidet sich bewusst afrikanisch und besingt die Schönheit der Schwarzen.

Um Mitternacht kamen die ersten Bewerberinnen auf die Bühne. Sie tanzten gefällig, verausgabten sich allerdings an keiner Stelle: Sie wussten, es kam auf den bleibenden Gesamteindruck dieser noch lange währenden Nacht an, der nur konnte sich wahlentscheidend ausdrücken. Zwischendurch tanzten immer auch Kindergruppen, und Ilê-Aiye lud, um die Schönheiten bis zur Wahlentscheidung kurz vor Sonnenaufgang zu schonen, auch das Riesenpublikum immer wieder einmal zum Tanz ein. Auch ich tanzte in der heißen Nacht und wehrte damit meine Dauerübermüdung und die Erschöpfungszustände ab. Dann endlich, kurz vor Sonnenaufgang, die Entscheidung der Jury und die Vorstellung der Allerschönsten, der »Beleza negra«. Die Gruppe huldigte ihr mit dem eindringlichen Refrain »Deusa da Ebano«, Göttin aus Ebenholz. Mit ihrer Göttin aus Ebenholz auf dem Wagen nahm sie auch an den Karnevalsumzügen der nächsten Tage teil.

In diesen aufregenden Tagen, in denen ich kaum ins Bett kam, gab es nur einen einzigen großen Candomblé: das Oxum-Fest im prächtig geschmückten Terreiro Pilão de Prata im Stadtteil Boca do Rio. Ich traf etwas verspätet ein, betrat den Terreiro in dem immer mit Spannung erwarteten Moment, wo die Gläubigen sich erheben und das Erscheinen der im Ornat ihrer Orixás gehüllten Initiierten bestaunen. Ich sah Oxossi als ersten Orixá herauskommen, verkörpert von einer Frau, mit einer Flinte fuchtelnd, es folgten Oxalá und Ogum, letzterer mit einem Helm auf dem Haupt, Oxum in ihren goldgelben Farben. Die Mãe begleitete den Zug mit dem Agogô, dessen Klang jedoch im Rhythmus der Trommler unterging. Die Orixás defilierten, blieben stehen, änderten ihre Richtung, Oxum fiel in tiefe Trance. Irgendwann in der Nacht führte Oxossi die anderen Orixás ins Freie, gab einen Schuss aus der Schrotflinte in die Luft ab, der mit einem lauten, zehn Minuten andauernden Feuerwerk aus dem Hain vor dem Terreiro beantwortet wurde.

Sakraler Ernst, selbst im Carnaval

Dann tauchte ich vollends in den Carnaval ein, machte auch keine Notizen mehr. Und doch ereigneten sich auch da immer wieder Dinge, die eigentlich in dieses Buch gehörten: Afoxés auf den Straßen, Tierkadaver auf Plätzen und in Parks, denen die Karnevalisten mit Entsetzen auswichen. Den nach Tausenden zählenden Mitgliedern der Gruppe Filhos de Gandhi, deren Darbietungen voller religiöser Anspielungen sind, begegnete ich allenthalben. Ihre Musik mit den langsam tragenden Rhythmen lässt sanfte Trancen erahnen und nachempfinden. Hoch oben auf ihrem Festwagen fährt sie einen abgemagerten Schwarzen mit Gandhi-Schnurrbärtchen und Gandhi-Brille in unverkennbarer Positur spazieren: die Inkarnation des großen, den sozialen Protest mit Gewaltfreiheit paarenden Inders, wie mir ein Zuschauer am Rande der Straße zuruft. Synkretismus pur. Freilich: da gab es auch den »Ausrutscher« der Stadtverwaltung, markante Punkte der Stadt mit überdimensionierten Bildern der Orixás zu schmücken und nach deren Standorten die Phasen und Abfolgen des Carnavals festzulegen. Die beauftragten Künstler hatten ihr Werk schon vollendet und die Bilder fertiggestellt, da aber griff die Vereinigung der Candomblés ein und verlangte, die Aktion zu verbieten. Mit Erfolg. Der sakrale Ernst des Candomblé forderte Respekt ein: Jeder Verdacht eines auch nur möglichen oder angedachten blasphemischen Charakters musste ausgeräumt werden.

Während der »drei tollen Tage«, wie man bei uns sagt – hier waren es, beginnend mit dem Donnerstag, gar sechs geworden, an denen das ganze Geschäftsleben brachlag –, war es in Salvador immer wieder der afroamerikanische »Samba Reggae« der Gruppe Olodum – ein anderer Name für den Hochgott Olorun –, der die Herzen vor allem der Jugendlichen höher schlagen ließ. Die riesigen Festwagen der Gruppe kamen immer wieder zum Stehen, und so gaben die Akteure im großen Gedränge zuweilen längere Konzerte. Die Gruppe ist mittlerweile weltbekannt: es gab mehrere Europa-Tourneen mit großen Auftritten, und in den Charts der Videoclips stehen sie weltweit an der Spitze. Viele ihrer Songs haben religiöse Themen; einige in ganz Brasilien bekannte Titel besingen Olorun und die Orixá des Meeres, Iemanjá.

Schwarzafrikanisch-afrobrasilianisches Bewusstsein

Schwarzes Bewusstsein wird hier – nicht nur im Carnaval – groß geschrieben, hier ist das Branqueamento, das »Weißwerdenwollen«, ein Gefühlsausdruck, der seit der Kolonialzeit auch immer wieder einmal bei den Schwarzen beobachtet wurde, verpönt. Eine Theatertruppe der mehrere tausend Mitglieder umfassenden Gruppe Olodum hat dieses Branqueamento in der Übersteigerung des sogenannten Michael-Jackson-Effekts, durch mehrere Schönheitsoperationen nicht nur eine gerade Nase, sondern auch eine weiße Haut zu erhalten, sarkastisch überspitzt dargestellt und dem Spott preisgegeben. Überzeugend auch, in der nächsten Nacht, Büchners Woyzeck in Abwandlung des Protagonisten als schwarzer afrikanisch-brasilianischer Straßenkehrer: eine exzellent körperbetonte Inszenierung, eine, auch an europäischen Maßstäben gemessen, außerordentlich ästhetische, gar avantgardistische Theateraufführung.

Am Aschermittwoch finde ich mich endlich dort wieder, wo ich seit langem hingehöre: im Bett. Am Morgen bin ich in São Paulo eingetroffen; so war's geplant. Ich schlafe auch in den nächsten Tag hinein, am Abend gehe ich mit Freunden spazieren. Erschreckend sind die »Manhattan«-Fassaden der Wolkenkratzer, schwer zu verkraften ist auch der Klimaabsturz. Sonntags darauf fahren wir in das Tal der Orixás, ein Umbanda-Zentrum in prächtiger Naturkulisse, vierzig Kilometer von der Metropole entfernt. Ich habe Glück, wieder auf afrikanische Betonungen der Umbanda zu treffen, wie es mir meine Freunde auch versprochen hatten. Mehrere Terreiros befinden sich in großen, langgezogenen Häusern und Baracken, aber auch im Freien. Ich wohne einer Cachoeira bei, der Huldigung Oxums, der Orixá des Süßwassers und der Liebe, an einem Wasserfall. Die Initiierten waten und tanzen ebenfalls im Wasser, und eine alte Mãe lächelt mir zu und rezitiert:

Eu vi Mamãe Oxum na cachoeira
Deitada na beiro do rio
Colhendo lírio, liro lê
Colhendo lírio, liro lá
Colhendo lírio prá enfeitar
Nosso gongá

Ich sah Mutter Oxum am Wasserfall.
Sie lag am Ufer des Flusses.

Initiierte in einem Terreiro in São Paulo

Pflückte Lilien,
Pflückte Lilien,
Um unseren Altar zu schmücken.

Terreiros im ganzen Tal. Die Zeremonien finden draußen wie drinnen statt. Ich folge meiner Neugierde, lasse mich vom Wasserfall der Mamãe Oxum, der Orixá des Süßwassers und der Liebe, die aber auch gleichzeitig die weibliche Fruchtbarkeit bewirkt und die Beschützerin der Mütter ist, der nächsten Zeremonie zutreiben, die dem phallischen Orixá Xangô gilt, mit dem Oxum in zuweilen verhängnisvoller, meist mit Eifersucht gepaarter Leidenschaft verstrickt ist. Um dessen Zuneigung zu erlangen, schreckt Oxum – wir wissen es ja bereits – vor keiner List zurück.

In den meisten Kulthäusern werden Pretos Velhos und Boiaderos, die zu den wilden Cabôclos zählen, angerufen und empfangen. Es finden aber keine Beratungen von Gemeindemitgliedern oder Interessenten durch die in den Medien inkarnierten Geister statt. Hier gibt es außer mir und meinen Freunden nur Insider, nur Medien.

Exus laufen im Tal herum, stören mit lautem und auffälligem Gehabe die Zeremonien. Auch ich störe – unbewusst –, ich stehe breitbeinig und ohne es zu merken, auf den Pontos Riscados, den von den Leuten auf dem Boden angebrachten rituellen Zeichnungen, die die *Entidades* anlocken und zum Verbleiben einladen sollen. Alle sehen auf mich, die Zeremonie wird unterbrochen. Niemand aber, der mich zurechtweist oder aufklärt. Selbst die Mãe, die ich noch heute als Verkörperung der brasilianischen Liebenswürdigkeit in lebendiger Erinnerung habe, beschwert sich nicht, sagt kein einziges Wort. Dennoch spüre ich an den auf mich gerichteten, gar nicht unfreundlichen Blicken, dass irgendwas mit mir nicht stimmt. Da blicke ich an mir herunter und merke selbst, was ich angestellt habe. Ich mache rasch ein paar Schritte und gebe den Blick auf die Pontos Riscados frei.

Orixá- und Geisterkult der Umbanda

Im vorausgegangenen Kapitel sprach ich davon, Glück damit gehabt zu haben, in São Paulo auf afrikanische Betonungen der Umbanda gestoßen zu sein. Offenbar hatte ich dieses Glück immer gehabt; ich hatte allerdings die Berührung mit einer Umbanda »der Weißen«, die das afrikanische Erbe immer mehr abwehrt und für die die afrikanischen Orixás nur entfernte und fast »historisch« zu nennende Bezugsgrößen darstellen, auch nie gesucht. Eine inhaltliche Vertiefung solcher Richtungen will ich in diesem Buch, das stets den Bezug zu Afrika herzustellen sich bemüht, nicht leisten.

Umbanda der Weißen?

Zweifellos aber existieren diese Richtungen – ich habe auch immer wieder Leute getroffen, die mir das mit Nachdruck bestätigt haben –, dennoch sind in der rituellen Praxis die afrikanischen Religionselemente viel stärker präsent, als es das außerordentlich spiritistische und in den letzten Jahren vermehrt auch eklektizistisch und esoterisch orientierte Schrifttum von Umbanda-Autoren wahrhaben will. Teile dieses Eklektizismus habe ich ich in den Anfangskapiteln bereits besprochen. Auf möglichst alle esoterischen Phänomene in diesem Kontext einzugehen, hieße jedoch, das afrikanische Erbe aus dem Auge zu verlieren. Koch-Weser bemerkt zu diesem Glaubens-Dualismus: »Das Spektrum des Orixá-Kultes innerhalb der Umbanda reicht von einer möglichst getreuen Imitation des Candomblé bis hin zu einer dem Orixá-Glauben völlig verfremdeten spiritistischen Interpretation.«[111] Sie vermutet rassistische Hintergründe für diese Spaltung und schreibt dazu: »...ihre farbigen Mitglieder neigen zu einer Fortsetzung ihrer afrobrasilianischen Traditionen, während ihre hellhäutigeren Mitglieder im Afrikanischen das Primitive, das es zu überwinden gilt..., zu sehen geneigt sind«[112]. Diese hellhäutigeren Mitglieder übersehen im Vorurteil der eigenen kulturellen Befangenheit aber gerade, welche Hochschätzung die Yorubá-Religion und der Candomblé in einer anspruchsvollen internationalen Literatur ihrer Komplexität und außerordentlichen Differenziertheit wegen genießen. Doch wollen sie sich ganz offenbar nicht damit abfinden, dass Afrika das primäre Herkunftsland ihres Religionssynkretismus ist. Sie suchen nach immer neuen Erweiterungen und Anreicherungen ihres in schier endlosen Wucherungen vorliegenden Glaubensgebäudes, bei dem sich esoterisch-spiritistische, theosophisch-freimaurerische, buddhistisch-hinduistische, indianisch-indigene sowie philosophische, wissenschaftliche und pseudowissenschaftliche Ansichten abwechselnd den Rang ablaufen.

Dabei ist die eigentliche Gottessuche in diesem Weltbild eher unterbelichtet. Mir persönlich fällt es immer schwer, die Sphäre des Sakralen außerhalb eines transzendenten Gottes zu denken. Bei den »weißen« Formen kommt es einem zuweilen fast so vor, dass Gott zwar der Urgrund der Welt ist, aber viel mehr, als dass er sich auf das allgemeine Prinzip seines Vorhandenseins in der Natur (ganz ähnlich der Deismus-Vorstellung der Aufklärung) bezieht, versucht man sich gar nicht erst vorzustellen. Jedenfalls gilt er nicht als anthropomorph und wird selten beim Namen genannt, wobei man ihn aber dann doch abwechselnd als »Todo poderoso«, den Allmächtigen, als Gott-Vater (dahinter steckt nicht selten die Absicht, mit dem Zugeständnis zum Monotheismus die eigene hohe Kulturstufe zu betonen) oder als Olorun bezeichnet.

Zuweilen und unter dem Einfluss fernöstlicher Religion kommt man auch noch zu anderen Namen. Die Orixás hingegen werden immer öfter und unvermittelt mit den Götternamen des griechischen Olymp in Verbindung gebracht: Oxossi wird in einem Atemzug mit Diana, Oxum mit Aphrodite usw. identifiziert. Gedankenspielereien wie diese ähneln im Kern der europäischen Legendenbildung – wir sprachen davon – zu Beginn unseres Jahrhunderts, welche im Gefolge der weltweit bekannt gewordenen Terrakotta-Funde aus Ife/Benin aufgekommen war. Die wollte sogar eine Verbindung der Yorubá-Kultur zu den Griechen ausgemacht haben. Das bildungsbürgerliche Feuilleton der Zeit witterte überall die Griechen und deren in vielfache Auseinandersetzungen verstricktes Pantheon des Olymp – eine grandiose Fehleinschätzung, mit der man sich den genuin schwarz-afrikanischen Zugang zu dieser Religion verstellte.

Es gibt in der Umbanda aber auch die andere Seite, die afrikanische Betonung, bei der sich in letzter Zeit eine immer stärkere Reafrikanisierung gerade in den großen Städten des Landes zeigt. Hierbei spielt das vom Candomblé ausgehende Faszinosum eine offensichtlich ganz entscheidende Rolle. Sogar eine zunehmende Axé-Orientierung sowie die stärkere Hinwendung zu tatsächlichen Initiationsriten, auch mit Kahlrasur und zumindest wochenlangem Verbleib in der Einweihungszelle, gewinnen an Bedeutung. Insoweit kann man zu Recht davon sprechen, dass diese Form der praktizierten Umbanda einen reduzierten, einen »herabgemilderten« Candomblé darstellt.

Spiritismus

Aber auch in dieser ausgesprochen afrikanisch orientierten Variante der Umbanda ist der Spiritismus als wesentliches Religionselement eingebunden. Der Spiritismus gelangte seit der Mitte des vorigen Jahrhunderts über die Vereinigten Staaten nach Lateinamerika, wo er auch in anderen Ländern Anklang gefunden hat. Nach seiner

Lehre wird die Welt außer von uns Lebenden von zahlreichen unsichtbaren Geistwesen bevölkert, mit denen die Menschen durch Medien (Vermittler) in Kontakt (portug: Mediunidade) treten können. Der Umbanda-Synkretismus praktiziert allerdings keinen »Klopfzeichen«-Spiritismus, bei dem sich die Seelen der Verstorbenen anlässlich einer nächtlichen Tischchenrücken-Séance bemerkbar machen (gleichwohl sind solche spiritistischen Sitzungen in Brasilien ebenfalls verbreitet). In der Umbanda finden überhaupt wenig Kontakte mit den konkreten Ahnen oder mit Menschen, die man zu ihren Lebzeiten noch gekannt hat, statt, denn die reinkarnierten Geister dieser Verstorbenen haben nur »wenig Licht« und demzufolge eine geringe Macht. Der Umgang mit ihnen ist nicht sehr wirkungsvoll. Umso mehr jedoch wird die Verbindung mit den Entidades, spiritistischen Größen mit einem solch hohen Grad an Erhabenheit und Perfektion gesucht, dass sie sich über das Stadium von immer neuen Wiedergeburten hinaus entwickelt haben und nicht mehr dauerhaft in einen Körper eindringen.

Der Franzose Allan Kardec war es vor allem, der (im Gegensatz zum angelsächsischen Spiritismus) die spiritistische Grundanschauung mit der Reinkarnationslehre verband: In dieser Variante ist der Spiritismus in der Umbanda heimisch geworden. Der Grundgedanke ist also zunächst einmal die Abfolge von Reinkarnationen der als ewig vorgestellten Geistwesen (bzw. Geister oder Seelen), was der aus Afrika bekannten Reinkarnationslehre entgegenkommt. Der Geist ist immer schon vorgeburtlich vorhanden und besteht auch nach dem Tod fort. Somit reinkarniert er in verschiedenen Körpern, bis er eben – nun nach dem neuen spiritistischen Credo und durchweg evolutionistisch angedacht – immer höhere Stufen der Vollkommenheit erreicht und im Stadium der höchsten Entwicklung sich selbst genügt und nicht mehr dauerhaft in einen Körper einkehrt.

Schon die aus der Bantu-Tradition sich herleitende Macumba, aus der heraus sich unter dem Einfluss des Candomblé die Umbanda gebildet hatte, war durch eine die Religionsausübung zutiefst prägende Reinkarnationslehre ganz wesentlich gekennzeichnet. Daher war es für die Gläubigen im Entstehungsprozess der Umbanda ein Leichtes, die Lehren des Spiritismus anzunehmen. Auch war den Afrikanern die Anrufung und der Kontakt mit den Geistern eine vertraute Vorstellung. Hinzu kam jedoch unter dem Einfluss der Spiritisten das Karma-Ausgleichsprinzip einer kosmischen Ethik, nach dem alle Taten, die guten wie die schlechten, im Entwicklungsgang des einen Geistes ausgeglichen werden müssen. Das Gesetz kennt keine Gnade, und sein Ernst ist unerbittlich. Kein Geist, keine Seele kann den Folgen seiner bzw. ihrer Taten entkommen. Dadurch wurde die persönliche Verantwortung des Einzelnen enorm aufgewertet. Diese greift der Spiritismus auch immer wieder auf und fordert Caridade (Nächstenliebe) nach der Terminologie Kardecs. Mit dem christlichen Gebot hat dieser Begriff nur wenig gemein – Kardec hat immer wieder christliche Anleihen aufgenommen und verfälscht –, der Zweck der spiritistischen Nächstenliebe besteht ganz einfach in einem evolutionistisch verstandenen »Punktesammeln« aufgrund guter Taten.

Hierarchien des Universums

Neu war den Afrobrasilianern die Vorstellung einer kosmischen Evolution, die die Hierarchie des Universums nach verschiedenen Planeten (wobei die Erde gar der denkbar inferiorste Planet ist) ordnete, sowie die Hierarchie der Totengeister untereinander. Im afrobrasilianisch-umbandistischen Religionssynkretismus nahmen die Orixás nun die Spitzenpositionen dieser Geister ein: Sie sind die *Anführer der sieben Linhas*, das sind die großen Heere oder Reihen von Geistern, die wiederum in jeweils sieben Legionen, diese wiederum in sieben Falanges (Truppen) unterteilt werden.

Die Orixás und die teilweise mit ihnen identifizierten Heiligen des Volkskatholizismus haben nach diesem Credo den höchsten Grad der Perfektion und somit die absolute Vollkommenheit erreicht, sie werden nicht mehr wiedergeboren. Auch die deutlich unter ihnen angesiedelten Cabôclos und Pretos Velhos kehren nicht mehr dauerhaft »ins Fleisch« zurück. Sie alle werden als Entidades, als die spiritistischen Größen, bezeichnet. Die Orixás sind die höchsten Geister des Lichts, gleichzeitig bleiben sie in der an Afrika orientierten bzw. der reafrikanisierten Vorstellung der Umbanda-Gläubigen aber auch noch, wie im Candomblé, die Kräftehervorbringer der Natur. Die Besessenheit durch die Orixás strahlt Entzücken, Glück und Wohlbefinden aus: Von ihnen wird der Axé, der allerdings nicht die gleiche hohe Bedeutung des im Candomblé so eminent wichtigen Kräfteaustauschs hat, übertragen.

Die sieben *Linhas*, die großen Heeren von Geistern entsprechen, werden also im afrobrasilianischen Modellfall von den Orixás angeführt. »Orientalische« Linien, die auf ostasiatische Vorbilder zurückgehen, werden ebenfalls gehandelt; sie gehen jedoch auf die bekannten Ausuferungen der eklektizistischen Umbandisten zurück. Zumeist handelt es sich bei den Anführern um die folgenden Orixás (auch hier kann es von Terreiro zu Terreiro zu Abweichungen kommen):

Linha 1: Oxalá;
Linha 2: Iemanjá;
Linha 3: Ogum;
Linha 4: Oxossi;
Linha 5: Xangô;
Linha 6: Oxum;
Linha 7: Omolu.

Cabôclos – Pretos Velhos – Crianças

Cabôclos wie Pretos Velhos stehen in der Hierarchie deutlich unterhalb der Orixás, obgleich auch sie hochentwickelte und über die Abfolge von immer neuen Reinkarnationen erhabene Geistwesen sind. Sie aber sind die eigentlichen Heiler und Helfer der Menschen, die angerufen werden, um durch ihre Trabalhos (wörtlich: Arbeiten; so sagt man tatsächlich, und die Geister bezeichnet man daher auch als »Arbeiter«) den Umbandisten beizustehen, sie bei ihren guten Taten zu unterstützen, sie zu heilen, ihnen aber auch direkt lebenspraktische persönliche Hilfe zur Bewältigung ihrer Probleme zuteil werden zu lassen. Die Orixás hingegen stehen in der Hierarchie zu hoch, sind den Menschen schon entrückt und zu weit von ihnen entfernt, als dass sie unmittelbar und direkt in ihre Lebensschicksale eingreifen. Dennoch aber genießen sie in dieser afrikanisierten Betonung der Umbanda grenzenlose Verehrung.

Aus dem Spritismus kommt die Empfehlung, sich die Geistwesen dienstbar zu machen, und der Umbandist macht hiervon reichlich Gebrauch. Die »Arbeiten« der Geistwesen, hervorgerufen durch magische Handlungen, bestehen aus Heilungen und »Wundern« – durchaus im Sinn der Durchbrechung der Naturgesetze –, sie erteilen Ratschläge und Beistand. Hierbei gilt das spiritistisch verstandene Prinzip der Nächstenliebe als »oberstes Gebot«, es gilt für die Lebenden wie für die Deinkarnierten. Auch diese Deinkarnierten begehen im Evolutionsprozess der Vervollkommnung der Geister »gute Taten«. Umgekehrt soll aber auch, nach dem gleichen Prinzip der Nächstenliebe, den ruhelosen und leidenden (niederen) Seelen z.B. durch Rat und Aufmunterung geholfen werden, falls sie sich über die Medien an die Menschen mit einer Bitte um Hilfe und Unterstützung wenden. Auch deren Geist ist ewig und muss über die Kette der Inkarnationen verschiedene geistige Entwicklungsstufen durchlaufen und sich auf dem Evolutionsweg »nach oben hin« orientieren. Auf diese Weise können auch die Seelen

Verstorbener, die man zu Lebzeiten gekannt hatte – die eigentlichen Eguns also – mit den Menschen in Kontakt treten, doch für die magischen »Arbeiten« und Wunderhandlungen ist ihre Machtfülle und Einflussgröße zu gering.

Pretos Velhos und Cabôclos sind also keine »konkreten Ahnen« einer Familie oder Gemeinde, sie sind vielmehr kosmisch-universelle Ahnen der Menschheit, die, wie ich schon gezeigt habe, der jeweils idealisierten afrikanischen wie indianischen Sphäre entstammen. Sie werden personifiziert imaginiert, unter verschiedenen Namen angerufen und auf Bildnissen, auch in den Terreiros, immer wieder dargestellt. Sie gelten als durchweg hilfsbereit und gut, sie werden oft hymnisch besungen, gefeiert und verehrt.

Die Medien nähern sich ihnen voller Heilserwartung und nehmen während der Trance häufig deren imaginierte Gestik und Körperhaltung an. Das alte, gutmütige, Pfeife rauchende schwarze Väterchen oder der unbeherrscht wilde Indianer: das sind Momentaufnahmen in den Terreiros, die immer wieder beobachtet werden.

Eine leichte und angenehme Trance wird im Kontakt mit den Crianças, einer anderen und weiteren Kategorie von Geistern, den Seelen verstorbener Kinder, verliehen. Ihre Inkorporation kann mit den Ibeji-Trancen und der dabei üblichen, ausgesprochen kindhaft-kindischen Besessenheit, verglichen werden.

Während der Kulthandlungen, die in der Umbanda regelmäßig, oft zweimal in der Woche im Terreiro stattfinden, unterbricht die Kultvorsteherin oder der Kultvorsteher in einem geeignet erscheinenden Moment die gesungenen Pontos und das Trommelschlagen, und die Medien kommen als zeitweilig inkarnierte Geister, von denen also ein Geist vorübergehend Besitz ergriffen hat, zur Konsultation der Anwesenden. In diesem Stadium gleichen die zumeist weiblichen Medien Priesterinnen, die den Gläubigen als vorgestellte Geister auch direkte Auflagen machen können. Die anwesenden Gläubigen haben sich ihren Geist, ihren jeweils bevorzugten Preto Velho oder Cabôclo usw. herausgesucht; vor ihm stehen sie Schlange und warten, bis sie an die Reihe kommen. Hierbei kommt es vor, dass Umbanda-Gläubige bei den Heilungsprozessen und Purifikationsakten in Verzückung geraten und selbst besessen werden, während die ihnen gegenübersitzenden, noch selbst von ihrem Geist ergriffenen Medien ihnen nun in der Trance beistehen. Nach diesen Konsultationen, die Stunden andauern können, werden die Entidades durch die Canticos de Unlo, die abschließenden Gesänge, »heimgeschickt« und verabschiedet.

Schwarze Magie und »böse Geister«

Die Umbanda lehrt das Gute, tritt für das Heil des Einzelnen ein, empfiehlt die guten Taten der Caridade, wobei sie das Böse gern von sich weist und auch auf andere Kulte, so auf die Quimbanda (und sogar auf den Candomblé) projiziert. Bei näherem Hinsehen und auf der Suche nach Quimbanda-Kultstätten zeigt es sich jedoch, dass es solche, ausschließlich auf die schwarze Magie zielende Zentren kaum gibt. Zweimal wurden mir solche Häuser gezeigt; die erste Stätte aber stellte sich bei meinem Besuch als umgewandelte Schuhmacherei, die zweite als Umbanda-Zentrum heraus, von dem es allerdings hieß, dass die Mãe hier auch einmal ein »schwarzes Ding« machte. Einige ganz wenige Häuser praktizieren wohl primär eine weiße Umbanda neben einer auch schon einmal verlangten oder dargebotenen schwarzen Magie, für die dann fast ausnahmslos der Exu-Kult maßgeblich ist. Jenseits der Einteilungen, Doktrinen und Projektionen muss jedoch gelten, dass die schwarze und ausgesprochen aggressive Magie im allerärmsten Subproletariat und bei auftauchenden sozialen Krisen immer wieder einmal und dann allerdings tendenziell in allen Kulten virulent werden kann.

Böse Geister sind nach dem Umbanda-Glauben die in ihrer Evolution zurückgebliebenen, die allerdings nicht weniger mächtig als die guten Geister sind. Sie können an den Lebenden Rache nehmen, sie werden gefürchtet. Und auch Exu (zumeist in der Pluralform, die ich hier nicht berücksichtige) wird gefürchtet. Er gilt je nach Kult und Gemeinde als Teufel und Agent des Bösen. Wo er als Wegbereiter und Ermöglicher eines neuen und besseren Lebensschicksals angerufen wird, kann er durchaus hohe Verehrung genießen. Die vielen Opfer für ihn auf den Straßen, Plätzen und insbesondere den Kreuzungen zeugen davon – ich wies darauf hin. Zuweilen wird aber auch seine Trickster-Figur »wiederentdeckt«, bestaunt oder umschwärmt. Als anarchischer Störenfried, über den man herzhaft lachen kann, als Zauberer und Magier wird er in der letzten Zeit immer mehr verehrt. Ich habe über die »teuflischen Exus« aus Umbanda-Kreisen schon fast alle möglichen Attribute vernommen, nur eben nicht, dass sie ungefährlich oder bedeutungslos seien. Neben dem phallischen Exu bringt auch die laszive (oft als Hure bezeichnete und auch so dargestellte) Pombagira »Farbe« ins Spiel: Kultvorsteher empfehlen einer betrogenen oder von ihrem Mann verlassenen Ehefrau nicht selten, sich an der »teuflischen Verführerin« Pombagira ein Beispiel zu nehmen, sich wie die stets halbnackte Pombagira zu kleiden und sie um ihren Beistand anzurufen.

So richtig es auch ist, dass das evolutionistische Prinzip und die Akkumulation der »guten Taten« eine gewissermaßen kapitalistische Ethik und eine persönliche Fortschrittsideologie begünstigen – daher die immer wieder unterstellte Mittelstandsideologie der Umbandisten –, so wenden sich doch auch mehr und mehr Arme und Notleidende der Umbanda zu, um hier eine Linderung des Elends und Leids und konkrete Abhilfe aus einer schier ausweglosen Situation zu finden. Die Umbanda ist, wie Koch-Weser hervorhebt, »attraktiv durch ihre Kult- und Gemeindeformen, durch ihr Angebot an religiösem Erleben, nicht durch ihre Lehre. Die Lehre hat, verglichen mit der Kultpraxis, für das Individuum ganz offenbar zweitrangige Bedeutung, wie Befragungen von Kultmitgliedern immer wieder zeigten: Die Kenntnisse der Kultmitglieder sind hinsichtlich der Umbanda-Doktrin minimal, während sie im ritualistischen Bereich sehr detailliert sind.«[113]

Das große Faszinosum:
der verschwenderische Bombast
der Armen

Verträumt und schläfrig gewahre ich, wie die Gardinen sich aufblähen; ich vernehme das heftig klatschende Geräusch des Regens, erschrecke und fahre mit Entsetzen hoch. Was war geschehen? Fast ein Jahr lang hatte es gedauert, bis ich wieder nach Rio kommen konnte, um noch einmal in der Sylvesternacht den Strand der Iemanjá zu besuchen; deswegen war ich überhaupt da und gewahrte nun doch weiter nichts als Wind und Unwetter und Regen. Würde das Fest, dem ich seit Monaten entgegengefiebert hatte, am Ende gar ausfallen?

Benommen, hungrig und vor Enttäuschung halb betäubt stand ich auf, nahm das Messer und schlitzte meine Ananas auf. Tropische Regen können tagelang andauern. Sie können aber ganz plötzlich auch wieder aufhören, und die Wolken machen der Sonne Platz: Im letzten Jahr hatte es morgens auch geregnet, und der Tag wurde dann sogar sehr heiß, die schwere Schwüle währte eine ganze Nacht lang. Ich badete, ging zum Frühstücksbuffet und kehrte zurück. Da plätscherte und gluckste das Regenwasser kaum noch. Als ich ins Freie trat, teilten sich gerade die Wölkchen, und die Sonne brach durch. Das Fest war gerettet!

Der Leblon-Strand war schon heiß, barfuß war er kaum noch zu überqueren. Lange vor mir jedoch waren die Familien eingetroffen, hatten sogar schon Sandaltäre aufgebaut und mit weißen Lilien geschmückt. Ein kleines Mulattenmädchen mit zerrissener Bluse und Blumen im Haar huschte, vor Freude strahlend, an mir vorbei.

Auch ich freute mich auf die Nacht. Drückende Schwüle dann Stunden später im überfüllten, ruckenden Bus, der nicht mehr vorwärts kam. Stehender Verkehr. Alle hier wollten zu den Stränden. Es ging nicht mehr weiter, also stieg ich aus und ging zu Fuß.

Das Gewirr der Straßen saugte mich auf, riss mich mit. Überall die gleichen Heerscharen, die die Straßen und Plätze mit ihren Stimmen erfüllten. Schwarze, braune Menschen aller Schattierungen, alle in blütenweißen Kleidern. Weiß die Röcke, weiß die Blusen, die Hemden und die Hosen: Alle hatten sie sich in Oxalás' Farbe, die auch die Umbanda-Farbe ist, eingetaucht. Und doch ist Jesus Christus ihrer aller Beschützer: Vom steil aufragenden siebenhundert Meter hohen Corcovado-Felsen hinter dem Bergurwald erhebt sich sein Monument, weitere achtunddreißig Meter hoch, mit weit ausgebreiteten Armen über der Stadt.

Nun wäre es sicherlich verkürzt zu sagen, dass wirklich alle Cariocas nur dem mythisch-magischen Ereignis zustrebten. Ich kam an einem Straßencafé vorbei, an dem Frühbetrunkene schon »Sylvester« feierten, ein Mann fraß, ohne zu kauen, soff, ohne zu schlucken, ließ seine Zigarette auf dem Plastikteller verglühen. Und auch ein paar europäische Touristen saßen – nüchtern zwar, aber unentschlossen – herum und fragten sich, wo diese riesige Menschenmenge sich wohl hinbewege. Der Eindruck der Stadt an diesem Abend aber war dennoch so, wie ihn Stefan Zweig 1942 in einer Impression beschrieb: »Wer von Rio kommt, dem scheinen in allen anderen Städten dann alle Farben ohne Leuchtkraft, die Menschen auf der Straße monoton, das Leben zu ordentlich, zu einheitlich. Alles nach dem ist Ernüchterung, Abschattung nach diesem Rausch von Farben und Formen, nach der göttlichen Vielfalt der Stadt.«

Noch einmal gab es einen Bruch mit meinem Rio-Bild: An der sichelförmig geschwungenen Avenida Atlântica, die sich am Copacabana-Strand entlangschlängelte, wurde ich von ohrenbetäubender Rockmusik empfangen. Nichts deutete hier auf innere Samm-

172

lung, auf ein religiöses Ereignis hin. Ein wie mit Drogen vollge-
pumpter Gitarrist – oder auch nur ein selbstgefälliger Schauspieler,
der sich so darbieten wollte – spielte mit zweifelhaftem Können
und zersägte anschließend zwei seiner Saiten, während Orgel und
Schlagzeug voll aufgedreht durchhämmerten. Und dann noch diese
unbegabte Stimme, die die Yankees nachäffte und in den Höhen-
lagen schrecklich näselte. Die Stadtoberen werden's zur Unterhal-
tung der Touristen organisiert haben, dachte ich noch; da war ich
aber auch schon weiter.

Bei Einbruch der Dunkelheit folgte ich den Menschenschlangen
und betrat den Sand. Meine Schuhe sackten ein. Mit jedem Schritt
kam ich dem Ozean näher. Ich hörte Trommeln, die leise, wie aus
der Ferne rufen, pulsieren, sich überlagern, einander Antwort zu
geben schienen. Kerzen zuckten, flackerten und erhellten die rasch
einbrechende Dunkelheit. Alles war so, wie ich es kannte, und doch
musste man nicht alles schon gekannt haben, um es sogleich zu
verstehen. Diese Nacht gehorchte dem Augenblick. Dieser ganze
Taumel, der keiner festen Regel folgte, lebte aus sich heraus, ver-
dankte seine Prachtentfaltung denjenigen, die ihn entfachten. Je
näher ich dem Ufer kam, umso prächtiger wurden die Opfergaben.
Dort lagen sie schon in den mitgebrachten kleinen Schiffchen bereit
und warteten darauf, der See überantwortet zu werden. Männer
trieben schwimmend Boote hinaus, andere standen, in sich versunken, da und wateten bis zu den Hüften im Wasser, hielten einen
Blumenstrauß in der Hand und sprachen ein stummes Gebet.

Ich aber eilte dorthin, wo die Trommelrhythmen herkamen und
die Pontos zu hören waren, die rituellen Lieder der Gemeinden, von
denen mir der Schriftsteller Antônio Callado sagte, sie seien einfach
und poetisch, darin läge ihr ganzer Zauber und ihr Geheimnis.

Im ersten, spontan sich bildenden Terreiro im Freien »übten« die
Gläubigen noch. Die Männer spannten die Seile, befestigten sie,
die Trommler hörten zu schlagen auf und halfen bei der Arbeit. Die
Frauen sangen zwar ihren Preto Velho-Ponto unbeirrt weiter, aber

das mitgebrachte Mikrophon der Vorsängerin erwies sich als defekt, und das brachte eine ungewohnte Unruhe in den Ablauf. Nun unterbrachen auch die Frauen das angefangene Lied und diskutierten, was zu tun sei.

Hinter mir bricht ein Trommelfeuer aus! Ich eile hin. Vibrierende Ohren. Verzückte Augen. Frauen wiegen ihre Körper im Rhythmus der Trommeln. Dieser Bezirk ist größer und farbiger, alles ist hell erleuchtet. Hier sind die Vorbereitungen schon abgeschlossen, die Zeremonie wird nun, während die Frauen tanzen, mit der Anrufung verschiedener Entidades fortgesetzt. Jedem Ruf folgt ein langes Händeklatschen der Frauen, das die Trommler mit ihren Schlägen begleiten. Sie rufen Iansan, die Orixá des Windes, Ogum, den Herrn des Krieges, Oxum, die Orixá des Süßwassers und der Liebe. Sie rufen auch Geister an, deren Namen ich nicht kenne. Die Orixás aber nennen sie nicht nur unter den bekannten Namen, sie rufen sie auch mit der Saudaçao, der Begrüßungsformel: Erie-ie-ie-o! für Oxum, Odo Iá – Mutter des Schicksals – für Iemanjá. Männer rauchen dicke Zigarren, Frauen stöhnen unter ihrer Trance.

Noch kann ich mich nicht entschließen, bei welcher Zeremonie ich verweilen will, das Angebot ist übergroß. Während nun aus allen Richtungen die Trommeln auf mich einwirken, sehe ich einen alten und ergrauten Mulatten, neben ihm eine alte schwarze Frau: das Bild eines uralten Paares, das Ehrfurcht einflößt. Um sie herum hat sich ein Kreis mit zwanzig, dreißig Leuten, nicht in der allerbesten Garderobe, auch nicht unbedingt weiß gekleidet, gebildet. Abwesend und in sich versunken, verneigen sich die beiden Alten in alle Himmelsrichtungen. Neugierig nähere ich mich, ordne mich in den Kreis ein. Ihr Kult ist anders, ich kenne ihn nicht, was mich bei dieser großen religiösen Vielfalt aber überhaupt nicht wundert.

Zwei Männer und eine Frau treten aus dem Kreis, gehen auf die Alten zu. Die Frau eine Weiße. Der jüngere der Männer, eine schmale Gestalt mit hoher zurückweichender Stirn und breiten, fleischigen Lippen, stimmt ein Lied an, in das die Umstehenden sofort einfallen. Doch während die Gemeinde die Melodie weiterträgt, verselbständigt sich die Stimme des Mannes und jammert und klagt herzzerreißend weiter, ergeht sich in stoßartigen Seufzern, bis der Mann schließlich nur noch kreischende Schreie von sich gibt. Gleichzeitig versteift sich sein Körper und hüpft unkontrolliert herum, wirbelt Sand auf. Die alte Frau löst sich von ihrem Partner, schwankt dem hüpfenden Mann entgegen, berührt ihn, worauf sich sein Körper allmählich beruhigt, sie betastet seine Ohren, seine Haare, zieht an seinen Kleidern, wie um sie von bösen Dämonen zu reinigen. Staunend begaffe ich ihre aufgeworfenen Lippen.

Doch plötzlich scheint sie sich zu besinnen und fordert mit einer Handbewegung die Herumstehenden auf, näherzutreten. Sie geht auf die Leute zu und legt ihnen die Hand auf. Als die Reihe an mich kommt, zögere ich, mache Anstalten zurückzutreten, doch just in diesem Augenblick erfasst sie meine Stirn. Ich erschrecke...doch diese Frau erstarrt ..., sie zuckt zusammen, tritt einen Schritt zurück, öffnet die Augen, sieht mich verwundert an, hüpft und schreit, gerät außer sich und droht zu fallen, wird dabei von einem Mann gestützt, sammelt sich wieder und setzt das Handauflegen fort.

Dass ich hier bei ganz armen Leuten gewesen war, war offensichtlich. Ihre Kleidung war erbärmlich, die Hosen eines Mannes zerrissen, anstelle eines Gürtels hielt er sie mit einem Stück Strick zusammen. Noch nicht einmal Trommeln hatten sie dabei, ihr Bezirk war nicht eingezäunt, nichts außer ihrem Ritus legitimierte sie, wies sie als Gläubige aus. Das aber sind die Gläubigsten von allen, sagte ich mir. Sie vergeudeten sich und ihre Kräfte an einen Mythos, den ich nur im Ansatz verstanden habe. So nahmen auch sie teil am verschwenderischen Bombast all derer, denen ich hier allenthalben begegnete und die eine ganze Nacht lang Iemanjá und den anderen Orixás und Entidades huldigten.

Auch tief in meinem Innern spielten sich wieder die Vorgänge ab, die mich bei solchen Zeremonien so oft begleiteten: Starre, Ergriffenheit, Ehrfurcht und Scheu. Hinzu kam der Gedanke, der mich seither nicht mehr losließ: Was wollte diese Frau mir sagen, was hat sie mit mir gemacht, was hat sie bewogen, mich so anzustarren? Überhaupt: was hat sie gesehen, an mir entdeckt? Ich sammelte meine Gedanken, konzentrierte sie auf mein Leben, auf meine ach so vergängliche Existenz, versuchte meinerseits einen Stoßseufzer, ein Gebet, fühlte mich eingebettet in die Kreisläufe des Lebens, in den Wechsel von Tod und Geburt, an die mich vielleicht auch dieser Passageritus des Jahreswechsels erinnerte.

Und wieder überfiel mich jenes allumfassend-kosmische Gefühl. Seltsam, fast schmerzhaft. Mit der herzzerreißenden Wehklage des Mannes hätte ich ihm vielleicht Ausdruck verleihen können, aber ich hielt mich zurück, ich hatte den Umgang mit diesen Dingen, so sehr ich sie auch bewunderte, ja nie gelernt.

Stattdessen gab ich mich meinen unerfüllten Sehnsüchten, die in zarten Gemütsregungen ganz im Verborgenen schlummerten, hin, denn von dieser immensen Prachtentfaltung der Gemüter trennte mich der Abstand meiner eigenen Kultur und Herkunft. Das Faszinosum und die Verlockung des Iemanjá-Strandes aber prägten sich mir umso tiefer ein, je mehr ich mich mit mir selbst beschäftigte. Je mehr ich mich fragte, was mich wohl seit längerem bewogen hatte, hierher zu kommen, als Einzelgänger und Barbar diese Zeremonien aufzusuchen und das Fremde zu entdecken. Vielleicht weil ich die Chance nutzen musste, mich mit dem Ungewohnten zu treffen, das mich an das Ungewohnte in mir selbst, in meinem Innern, erinnerte.

Die Zeremonien sind nun überall in vollem Gang. Ich nehme es mit allen Sinnen wahr, höre es auch an den manchmal sich chaotisch überlagernden Rhythmen, die sich zu einem akustischen Gemisch heranbilden, wie man es sonst wohl nirgendwo auf der Welt zu hören bekommt.

Ich eile nicht mehr. Ich schreite. Sehe Konsultationen, Trancen, Kniefälle. Letzte Gebete im Wasser, in dem die Blumen für Iemanjá treiben.

Ein alter Mann watet in den Wellen, hofft, sein Glück mit der Orixá zu machen, badet im Schaum ihres Meeres, im sonnendurchfluteten und zuweilen auch urindurchtränkten, heute aber mit Gaben und Votivgerichten überladenen Ozean. Punkt zwölf Uhr eine Zäsur: das Feuerwerk der Stadtverwaltung. Es ist phantasievoll arrangiert, mit schönen vielfarbigen Bildern und Formen, von gigantischen Laserstrahlen begleitet, und endet mit dem symbolischen »Abbrennen« eines Wolkenkratzers. Obwohl ich dergleichen noch niemals gesehen hatte, wusste ich mich von den mystischen Erlebnissen viel eher verzaubert. Das war das »ganz Andere«. Diesem Faszinosum wusste ich mich, als Fremder, nun schon zum wiederholten Mal erlegen.

Anmerkungen

1 Zitiert aus: Mechthild Strausfeld (Hrsg.): Lateinamerikanische Literatur, Frankfurt am Main 1983, S. 330
2 O-Ton im Radio-Feature des Verfassers vom 28. 7. 93 in S2-Kultur
3 Gabriel García Márquez: Von der Liebe und anderen Dämonen, Köln 1974, S. 101
4 Mircea Eliade: Die Religionen und das Heilige. Elemente einer Religionsgeschichte, Frankfurt am Main 1986, S. 485
5 Manfred Wöhlcke: Brasilien. Anatomie eines Riesen, München 1991, 161 f.
6 M. R. M. Koch-Weser: Die Yoruba-Religion in Brasilien, Inauguraldissertation der Philosophischen Fakultät, Bonn 1976, S. 190
7 Ebd., S. 190
8 O-Ton im Radio-Feature des Verfassers vom 28. 7. 93 in S2-Kultur
9 kardecistisch: spiritistische Lehre des Franzosen Dr. Hippolyt Léon Denizard Rivail, der sich selbst Allan Kardec nannte.
10 Ruth Landes: A Cidade das Mulheres, Rio de Janeiro 1967
11 Mircea Eliade, Schamanismus und archaische Ekstasetechnik, Frankfurt am Main 1982, S. 182
12 Ebd., S. 43
13 Hermann Schreiber: Es ist ein Ros' entsprungen. Ein Weihnachtsbrevier, Wien 1985
14 Ebenda, S. 138
15 Horst Goldstein: Kleines Lexikon der Theologie der Befreiung, Düsseldorf 1991, S. 14
16 Volney J. Berkenbrock: Die Erfahrung der Orixás. Eine Studie über die religiöse Erfahrung im Candomblé, Bonn 1995, S. 33
17 Mircea Eliade: Schamanismus und archaische Ekstasetechnik, Frankfurt am Main 1982, S. 309 f.
18 Sabine Hargous: Beschwörer der Seelen. Das magische Universum der südamerikanischen Indianer, Basel 1976, S. 178

19 Mircea Eliade: Schamanismus und archaische Ekstasetechnik, Frankfurt am Main 1982, S. 313

20 Namhafte Theologen auch in Europa sprechen sich für den interkonfessionellen positiven Dialog, angestoßen durch die Konzilserklärung »Nostra Aetate« des Zweiten Vatikanischen Konzils vom 28.10.1965, aus (beispielgebend: Hans Waldenfels: Kontextuelle Fundamentaltheologie, München-Wien-Zürich 1985). Eine »künstlich hergestellte«, eine willkürlich alles Heterogene vermischende Religion müssen sie jedoch ebenso ablehnen wie die Katholiken der lateinamerikanischen Basisgemeinden und – bei all ihren Abweichungen in Einzelfragen – auch die Vertreter des afrobrasilianischen Candomblés. Einflussreiche Vertreter der Umbanda allerdings streben ein solches Universalgemisch schon über Jahrzehnte hinweg mit ungebrochener Energie an.

21 Volney J. Berkenbrock, a.a.O., S. 261

22 O-Ton des Priesters Gerardo Yanez aus Riobamba/Ecuador in einer Radiosendung des Autors am 1. 11. 91 in WDR 3

23 Volney J. Berkenbrock, a.a.O., S. 221

24 M.R.M. Koch-Weser, a.a.O., S. 58

25 Volney J. Berkenbrock, a.a.O., S. 213

26 M.R.M. Koch-Weser, a.a.O., S. 24

27 Ebd., S. 58

28 Maryse Condé: Segu. Roman, Köln 1988; im hier besprochenen Zusammenhang insbesondere die Seiten 306-313

29 Alejo Carpentier: Das Reich von dieser Welt. Roman, Frankfurt 1991, S. 114-120

30 Roger Bastide: Le Candomblé de Bahia, Paris 1958

31 Pierre Vèrger: Dieux d'Afrique, Paris 1954

32 M.R.M. Koch-Weser, a.a.O., S. 59

33 João Antônio: Eguns, in: Das Land des Feuers. Lateinamerikanisches Lesebuch, München 1988, S. 287 f.

34 M.R.M. Koch-Weser, a.a.O., S. 223

35 Volney J. Berkenbrock, a.a.O., S. 103

36 Ebd., S. 120

37 O-Ton im Radio-Feature des Verfassers vom 28. 7. 93 in S2-Kultur

38 Volney J. Berkenbrock, a.a.O., S. 44

39 M.R.M. Koch-Weser, a.a.O., S. 75; Martin Wöhlcke: Analyse der afrobrasilianischen Kulte unter dem Aspekt interethnischer Marginalität. Inauguraldissertation der Philosophischen Fakultät der Universität Erlangen Nürnberg 1969, S. 149

40 M.R.M. Koch-Weser, a.a.O., S. 75; Volney J. Berkenbrock, a.a.O., S. 44

41 Volney J. Berkenbrock, a.a.O., S. 44

42 Ebd., S. 40

43 Ebd., S. 41

44 Goldstein, a.a.O., S. 199

45 Mircea Eliade 1986, S. 72

46 Volney J. Berkenbrock, a.a.O., S. 42

47 Ebd., S. 42

48 Eduardo Galeano: Die offenen Adern Lateinamerikas, Wuppertal 1973, S. 65 f.

49 Ebd., S. 64

50 Ebd., S. 67

51 Ebd., S. 73

52 Werner und Susanne Schwanfelder: Brasilien, Olten 1985, S. 44

53 Manfred Wöhlcke, a.a.O., S. 172, Anm.1

54 Ebd., S. 175

55 Ebd., S. 152

56 Roger Bastide: Religiões. As Religiões Africanas no Brasil, São Paulo 1989, S. 131 f.

57 Manfred Wöhlcke, a.a.O., S. 156

58 Roger Bastide, 1989, S. 72 f.

59 M.R.M. Koch-Weser, a.a.O., S. 79 f., 21

60 Ebd., S. 60

61 Ebd., S. 94

62 Eckart Diezemann: Nigeria, Pforzheim 1992

63 Artur Ramos hat mit ähnlichen Aufteilungen und Aufschichtungen die Kennzeichnung der Herkunftselemente vorgeschlagen; Artur Ramos: Introducião a Antropologiá Brasileira, Rio de Janeiro 1947-52; diese Modi sind – mit unterschiedlicher Gewichtung der Einzelelemente – in der Literatur immer wieder aufgenommen worden

64 Eckart Diezemann, a.a.O., S. 65

65 Ebd., S. 49

66 Ebd., S. 49

67 M.R.M. Koch-Weser, a.a.O., S. 17

68 Ebd., S. 68

69 Ebd., S. 19

70 Ebd., S. 20

71 Vgl. insbesondere Karl August Wittfogel: Die orientalische Despotie. Eine vergleichende Untersuchung totaler Macht, Köln 1962

72 M.R.M. Koch-Weser, a.a.O., S. 24

73 Ebd., vgl. S. 36 ff., 180 ff.

74 O-Ton im Radio-Feature des Verfassers vom 28. 7. 93 in S2-Kultur

75 Zur Systematisierung dieses und des folgenden Kapitels hat mich vor allem das persönliche Gespräch mit Volney J. Berkenbrock sowie die Auseinandersetzung mit dessen Dissertation, ders., a.a.O., angeregt

76 Volney J. Berkenbrock, a.a.O., S. 144

77 Ebd., S. 144, Anm. 74

78 M.R.M. Koch-Weser, a.a.O., S. 28 f.

79 Volney J. Berkenbrock, a.a.O., S. 133

80 Ebd., S. 133

81 Ebd., S. 133

82 Ebd., S. 134

83 Ebd., S. 138

84 Ebd., S. 139

85 M.R.M. Koch-Weser, a.a.O., S. 151

86 Volney J. Berkenbrock, a.a.O., S. 134

87 Ebd., S. 169

88 Ebd., S. 169 f.

89 Ebd., S. 165

90 Ebd., S. 171

91 Ebd., S. 171

92 O-Ton, teilweise gesendet im Radio-Feature des Verfassers am 28.7.93 in S2-Kultur

93 Volney J. Berkenbrock, a.a.O., S. 181

94 Artur Ramos: O Negro Brasileiro, Rio de Janeiro 1934, S. 34

95 Volney J. Berkenbrock, a.a.O., S. 176, Fußnote 71

96 M.R.M. Koch-Weser, a.a.O., S. 47

97 Ebd., S. 47

98 Hubert Fichte: Xango. Die afroamerikanischen Religionen, Frankfurt 1976, S. 113

99 Ebd., S. 113

100 Ebd., S. 113

101 Volney J. Berkenbrock, a.a.O., S. 183

102 M.R.M. Koch-Weser, a.a.O., S. 42

103 Ebd., S. 41 f.

104 J.E. dos Santos: Os negros e a morte, Petropolis 1977, S. 75

105 Volney J. Berkenbrock, a.a.O., S. 105

106 Rudolf Otto: Das Heilige. Über das Irrationale in der Idee des Göttlichen und sein Verhältnis zum Rationalen, München 1971

107 Ebd., S. 16

108 Diese Zitatstelle über die Aussage des Axogum aus Rio de Janeiro befindet sich bei Volney Berkenbrock, a.a.O., S. 310

109 Gerhard Herold: Chaostheorie und Chaostheologie in: Lutherische Monatshefte 4/1996, April 1996, S. 16

110 Zitiert aus Volney Berkenbrock, a.a.O., S. 278

111 M.R.M. Koch-Weser, a.a.O., S. 321

112 Ebd., S. 321

113 Ebd., S. 310

Glossar

Hinweise: Die weitaus meisten der hier kurz erläuterten Begriffe entstammen dem Nagô; ihre Wiedergabe entspricht der in Brasilien üblichen portugiesischen Schreibweise dieser Yorubá-Sprache, wobei es partiell auch abweichende Schreibweisen der gleichen Begriffe gibt. Wer sich in Brasilien über kultische Begriffe verständigen will, für den ist es sicher hilfreich zu wissen, dass sich das häufig vorkommende x wie ein »sch« im Deutschen ausspricht. So wird das im Buch oft genannte Wort Orixá wie »Orischa«, Oxalá wie »Oschala« usw. ausgesprochen. Daneben gibt es eine ganze Reihe anderer, abweichender Ausspracheregeln, bei denen sicherlich ein Lehrbuch der portugiesischen Sprache (allerdings dann mit eingebauter brasilianischer Aussprachebezeichnung) oder auch schon ein kleiner Sprachführer weiterhilft.

Die hier verzeichneten Begriffserläuterungen stellen kein Gesamt-Glossar der afrobrasilianischen Religionen dar, sie bleiben auf die im vorliegenden Buch benutzten Fachtermini beschränkt.

Abá – kosmische Energie zur Erreichung eines Ziels

Abebê – silberner Fächer mit eingearbeiteter Sirene, Emblem der →Iemanjá

Adarrum – »Erzwingungsritual«; eines der fesselndsten Momente im →Candomblé-Ritus (kommt allerdings selten vor): wenn die →Orixás sich weigern, in den →Terreiro hinabzusteigen, was durch das Ausbleiben der Trancen auffällt, veranstalten die Trommler ein atemberaubend schnelles und laut dröhnendes Trommeln, um ihre →Orixás zu »erweichen« und doch noch zum Kommen zu zwingen

Agogô – Rhythmusinstrument, bestehend aus 1 oder 2 Glöckchen, die mit einem Metallstab angeschlagen werden. Auch mit diesem Instrument werden die →Orixás angerufen

Aiye – Ebene der physischen, fassbaren Existenz im Gegensatz zur unfassbaren und spirituellen Existenz des →Orun

Alabe – Chef der Trommler im →Candomblé

Angola – kleinerer afrobrasilianischer Kult mit vorwiegend kleinen Terreiros und geringem Verbreitungsgrad in der Bevölkerung

Ara – Bewohner

Ara-Aiye – Menschen als Erdenbewohner

Ara-Orun – Bewohner des →Orun, es sind dies die Orixás und die →Eguns

Atabaques – kultische Trommeln; →Lê →Rum →Rumpi

Axé – höchst bedeutsame kosmische Energie und Kraftquelle, die von den →Orixás auf die Menschen übertragen wird

Axexê – komplexer, oft sieben Tage lang währender Trauerritus

Axogum – rituell Verantwortlicher für den Vollzug der Schlachtopfer, der sie anstelle →Ogums tötet

Babalaô – Wahrsagepriester des →Ifá-Kults

Babalorixá – Kultvorsteher des Candomblé, wörtlich: »Vater des Orixás«; auch →Pai-de-Santo (port.) genannt; steht eine Frau der →Candomblé-Gemeinde vor, so wird sie →Ialorixá oder portugiesisch →Mãe-de-Santo (wörtlich: »Mutter des Heiligen«) genannt. Kultvorstehern kommt für den Bereich ihres Terreiros eine absolute Autorität zu. Dieses für den gesamten sakralen Vollzug im Terreiro und die verwaltungsmäßigen Aufgaben überaus wichtige Amt kann immer nur von einer einzigen Person ausgeübt werden

Babalossaim – Priester des →Ossaim-Kultes der rituellen Pflanzen, dessen Kenntnisse als strenges und absolutes Geheimnis gehütet werden

Batuque – Kultname einer dem Cabomblé wesensverwandten afrobrasilianischen Religion in den Bundesstaaten Rio Grande do Sul und Pará

Boiadeiro – →Cabôclo-Geist in der Umbanda

Bori – (»dem Kopf zu essen geben«): Zeremonie des Initiationsritus mit dem Ziel, den Kopf der Initianden (u.a. mit dem Blut von Opfertieren) zu stärken

Cabôclo – 1) indianischer Totengeist (→Umbanda); 2) übernatürlicher, starker und belebender Geist auch in anderen, mit afro-amero-indianischen Religionen in Verbindung stehenden Kulten

Candomblé – äußerst würdevolle und bedeutende afrobrasilianische Religion mit bekanntermaßen kraftvollem Mythos, die noch am ehesten in der afrikanischen Tradition der →Yorubá steht

Canticos de Unlo – feststehende abschließende Gesänge bei rituellen Festlichkeiten (→Umbanda)

Capoeira – traditioneller Sklaventanz mit Nahkampf-Imitation

Carioca – nennt sich der Einwohner Rio des Janeiros nach dem Indianerstamm, der vor der Invasion der Weißen hier gewohnt hat

Casa de Minas – afrobrasilianische Religion im brasilianischen Staat Maranhão und vor allem in dessen Hauptstadt São Luís, die auf →Gêge-Herkunftselemente (der Stämme der Ewe-Fon im Territorium des ehemaligen Dahomey) zurückgeht und Ähnlichkeiten zum haitianischen Voodoo aufweist

Catimbó – amero-indianisch-afrobrasilianischer Kult im Norden Brasiliens

chthonisch – irdisch; hier: auf die der Erde angehörenden Gottheiten oder auf die die Erde gründenden oder sie begründenden Gottheiten oder →Orixás bezogen

Despacho – Opferreste auf Straßen oder mit einem »bösen Zauber« versehene Gegenstände der schwarzen Magie

Deus absconditus – (lat.) Bezeichnung für einen verborgenen Gott, der sich den Menschen nicht offenbart

Ebó – Opfer oder Gabe für die →Orixás

Ebora – weiblicher →Orixá

Egun – Seele des Verstorbenen

Ekedy – im →Candomblé Helferin von Personen, die sich in Trance befinden. Niederer Initiationsgrad; die Ekedys können selbst nicht in Trance fallen

Entidades – jenseitige spirituelle Wesen und Geister (→Umbanda)

Exu (sprich: Eschu) – phallischer →Orixá, Bote und Diener der übrigen →Orixás. Er wird zuweilen mit dem Teufel synkretistisch identifiziert und als diabolisierter Geist der schwarzen →Magie angerufen. Seine weibliche, sich als äußerst lasziv gebärdende Manifestation, eine populäre Gestalt in erster Linie in der →Umbanda, ist →Pombagira

Faca virgem – Initiationsmesser, das nur ein einziges Mal benutzt werden darf

Favela – Slumgegend der brasilianischen Städte

Favelado – ärmlicher Bewohner der →Favela

Filha de Santo – (port.) wörtl.: Tochter des Heiligen, Initiierte

Filho de Santo – (port.) wörtl.: Sohn des Heiligen, Initiierter

Gêge – brasilianische Bezeichnung für die Stämme der afrikanischen Ewe-Fon v.a. im heutigen Territorium Benins

Gongá – Altar (→Umbanda)

Ialorixá – weibliche Kultvorsteherin (port. auch →Mãe de Santo, wörtl.: Mutter des Heiligen)

Iansan – weibl. →Orixá des Windes, Hauptfrau →Xangôs, mit dem sie zusammen das Wetter besorgt, häufig auch mit →Xangô ineins gesehen; synkr. Verbindung: Barbara

Ibeji – Zwillingsorixá (synkr. Verbindung mit den Märtyrern Kosmas und Damianus)

Iemanjá – bedeutende weibl. →Orixá des Salzwassers und des Meeres sowie der Fruchtbarkeit der Frauen, Frau →Oxalás, gilt als Mutter vieler →Orixás, die sie, wie im übrigen auch die Weltmeere, nach der brutalen Vergewaltigung durch ihren Sohn →Orunga gebar; synkr. Verbindung: Maria

Ifá – →Orixá der Weisheit und Wahrsagekunst. →Babalaô

Ife – Stadt in Nigeria; traditionelles religiöses Zentrum der →Yorubá

Ilê – Haus

Ilê Axé – Einweihungszelle für die Initiierten im →Terreiro

Ilê Iyá Omi Axé Iymassê – einer der ältesten Candomblé-Terreiros in Salvador, heute von der →Ialorixa Cleusa geleitet; deren inzwischen verstorbene Mutter Mãe Menininha do Gantois war eine weit über die Grenzen Brasiliens bekannte →Ialorixá

Ilê Orixá – sakrales Zentrum des →Terreiros mit den →Pegis der→Orixás

Initiation – rituelle Einweisung und Einweihung in einen Kult; im →Candomblé hauptsächlich Fixierung auf den persönlichen →Orixá eines Menschen. →Lavagem das Contas →Obi →Yaô; vgl. insbesondere den zusammenhängenden Text in dem besonderen, der Initiation im →Candomblé gewidmeten Kapiteln

Iroko – →Orixá der Fikuseiche und aller Bäume schlechthin

Itan – Epos der Weltentstehung bzw. der von den Orixás überlieferten Handlungszusammenhängen

Iwá – Energie- und Kraftquelle, die Existenz ermöglicht

Iya Bassé – Kultköchin im →Candomble

Jogar Buzios – »Kaurimuscheln werfen«: aus dem Wurfergebnis wird geweissagt. Wird als Orakel längst nicht mehr nur in den Religionen und Kulten Brasiliens angewandt; die Jogar Buzios-Konsultationen sind auch zum großen Geschäft der »Wahrsagerei« geworden, mit dem Privatpersonen ohne größere Ausbildung Kunden anziehen

Kardecismo – (auch Kardecismus): Spritismus nach Allan Kardecs

kardecistisch - auf den Spiritismus Allan Kardecs bezogen

Kosmogonie – Mythos von der Entstehung des Kosmos und der Welt

Lavagem das Contas – rituelles Waschen (u.a. der Glasperlenkette); →Initiationsritus im →Candomblé

Lê – kleinste Trommel im →Candomblé

Linha – Linie; alle verehrten Geistwesen in der →Umbanda werden in Linien unterteilt, die von →Orixás angeführt werden; es gibt sieben Linien, geleitet jeweils von →Oxalá, →Iemanjá, →Ogum, →Oxossi, →Xangô, →Oxum und →Omolu. Innerhalb dieser Linien befinden sich ganze Legionen von Geistern. Jede Linie ist daher auch in sieben Legionen, diese wiederum in sieben Falanges, unterteilt

Lisa und Mawu – →Mawu (weibl.) und Lisa (männl.) gelten als das Schöpferpaar in der →Gegê-Tradition

Macumba – aus der Bantu-Tradition hervorgegangene Religion; in Rio de Janeiro (fälschlicherweise) auch als Synonym für afrobrasilianische Religionen überhaupt verwendet, nicht selten auch in pejorativer Absicht für schwarze Magie

Mãe de Santo – (wörtl: Mutter des Heiligen) weibliche Kultvorsteherin; →Ialorixá

Magia par o mal – das Böse bewirkende, die schwarze →Magie. Wesentlich hierbei ist die Absicht des magischen Handelns, Unheil, Schaden, Beschädigung zu bewirken. Im Gegensatz dazu steht die magia blanca, die »weiße«, auf das Gute zielende Magie

Mawu – (weibl.) höchstes Wesen bei den Ewe-Fon (→Gêge)

Nagô – Sprache der →Yorubá

Nanã – weibl. →Orixá des Schlamms, des Lehms und der stehenden Gewässer, bedeutende →tellurische →Orixá aus der →Gêge-Tradition; wird auch Nanã Buruku genannt. Sie wird, da sie als alt und gebrechlich gilt, mit Anna (brasil. Ana), der Mutter Marias, synkr. identifiziert

Negros de Ganho – Leihsklaven

Oba – König bei den →Yorubá

Obá – weibl. →Orixá der Flüsse, dritte (ungeliebte) Frau →Xangos; synkr. Verb. mit Johanna von Orleans

Obatalá – →Orixá der Schöpfung, wird in Brasilien →Oxalá genannt

Odudua – weibliche, später männlich uminterpretierte →tellurische Schöpfergottheit der →Yorubá; Spuren ihrer Wirkung und des »androgynen Kürbis«, in dem sie mit →Obatalá vereint war, finden sich noch heute bei →Oxalá

Ogan – Beschützer eines →Terreiros mit niedrigem Initiationsgrad; oft sind unter den Ogans Künstler und Intellektuelle zu finden, die in der Öffentlichkeit hohes Ansehen genießen

Ogum – männl. →Orixá des Eisens und des Krieges; synkr. Verbindung mit Georg, dem Drachentöter, dem offensichtlich nur im Volksglauben eine Heiligenverehrung zukommt und der wahrscheinlich als Person niemals existiert hat

Olodumarê – →Olorun

Olokun – →Orixá des Meeres bei den →Yorubá; in Brasilien hat insoweit →Iemanjá diese Eigenschaft angenommen

Olorun – höchstes Wesen und allmächtiger, den Menschen allerdings entrückter Gott der →Yorubá

Omolu – männl. →Orixá der Pest und der Pocken und aller Epedemien schlechthin, aber auch Arzt und Heiler unter den →Orixás; synkr. Verb.: Lazarus und Rochus

Ooni – König von →Ife, zugleich geistlicher Herrscher des →Yorubá-Stammesverbandes

Orixá – (Aussprache im Deutschen: Orischa) sakrale Natürkräfte bzw. Kräftehervorbringer, die gleichwohl personifiziert vorgestellt werden: sie sind die deifizierten Ahnen der Menschen und weilen als Geistwesen im Regelfall im →Orun. →Olorun, das Höchste Wesen, hat ihnen ihre Machtfülle übertragen. Mit ihnen findet die menschliche Kommunikation mit dem Übernatürlichen und der Kräfteaustausch des →Axé statt. Die Orixás werden synkretistisch mit katholischen Heiligen verbunden

Orun – Ebene der unfassbaren und spirituellen Existenzweise im Gegensatz zur fassbaren und physisch vorhandenen Existenz des →Aiye

Orunga – Sohn der →Iemanjá. Orunga vergewaltigte der Legende nach seine Mutter, worauf diese ihren Bauch öffnete und daraus die Weltmeere sowie mehrere andere →Orixás gebar

Ossaim – männl. →Orixá der Kräuter und Pflanzen, der eine eigene, einem Geheimbund vergleichbare Priesterschaft, die der →Babalossaim, auf sich gezogen hat

Otá – sakraler Stein, in dem sich der →Orixa fixiert

Oxaguiã – →Oxalá

Oxalá – zweigeschlechtlicher und ranghöchster →Orixá, der Mythen zufolge im Auftrag →Oloruns die Menschen geschaffen hat, wird in Brasilien heute in zwei Gestalten, als altersgebeugter (Oxalufã) wie als junger Mann (Oxaguiã), imaginiert; in der früheren Mythologie der →Yorubá geht er auf →Odudua und →Obatalá und auch auf deren »androgynen Kürbis« zurück; synkr. Verb. mit Jesus Christus

Oxalufã – →Oxalá

Oxé – Doppelaxt des →Xangô

Oxossi – männl. →Orixá des Waldes und der Jagd; synkr. Verb.: Georg; in der Umbanda »Chef« der →Cabôclos

Oxum – weibl. →Orixá des Süßwassers, der Quellen und Flüsse sowie der Liebe, Favoritin in der Gunst →Xangôs; synkr. Verb.: Maria

Oxumaré – männl. →Orixá des Regenbogens, Sohn →Nanas, er entstammt wie diese der →Gêge-Tradition, Diener und Gehilfe →Xangos; synkr. Verb.: Bartholomäus

Padê de Exu – Opfergabe für Exu zu Beginn einer jeden Zeremonie

Pai de Santo – (wörtl.: Vater des Heiligen) männlicher Kultvorvorsteher; →Babalorixá

Pajelança – amero-indianisch-afrobrasilianischer Kult in Nordbrasilien

Paxorô – Stab →Oxalufãs, des älteren →Oxalás

Pegi – Altar und Altarraum

Pegigan – Altarpriester

Pompagira – weibl. (anzüglich-laszive) Manifestation →Exus, hauptsächlich in der →Umbanda

Pontos – rituelle Lieder und Gesänge bzw. als Pontos Riscados rituelle Zeichnungen in der →Umbanda

Preto Velho – (»Schwarzes Alterchen«) Totengeist eines verstorbenen schwarzen Sklaven (→Umbanda)

Quilombo – Wehrdorf entflohener Sklaven

Quimbanda – Kult der schwarzen Magie

Rum – größte der drei Trommeln im →Candomblé

Rumpi – Trommel der mittleren Größe im →Candomblé

Saudaçao – feststehende Begrüßungsformel und Anrede eines →Orixas im →Terreiro

Senzala – Sklavenhütte

Synkretismus – Vermischung wesensverschiedener Religionen und Kulturen. Die in diesem Buch beschriebenen Synkretismusprozesse gehen von überindividuellen und unwillkürlichen Religionsverschmelzungen aus. Angesichts der ungeheuren Wucht, mit der sich diese (kollektiven) Prozesse mit und in den Menschen vollzogen haben, kann die Frage der »Reinheit« der Religionen und ihrer »Gefährdung durch Vermischung« vernachlässigt werden. Synkretismus ist im übrigen ein durch die ganze Geschichte der Religionen sich ziehender Vorgang. Wichtiger als der »Reinheitsgedanke« ist die Frage der religiösen Identität, die Frage also, ob ein klares und eigenständiges, von anderen Religionen abgegrenztes Glaubensgebäude und eine diesem entsprechende Glaubenspraxis vorliegt. – Synkretismus ist keine Erfindung Einzelner, zu dessen Beschreibung sich eher der Begriff »Eklektizismus« eignen würde. Der Eklektizismus wählt bewusst aus, entnimmt aus verschiedenen Systemen das, was ihm richtig und plausibel erscheint und versucht, oftmals heterogene Elemente zu einer geschlossenen Einheit zu verbinden. Diesem Prozedere begegnen wir allerdings im massenhaft verbreiteten Schrifttum der →Umbanda-Autoren

tellurisch – eine die Erde oder den Kult der Erde betreffende Kraft oder Gottheit

Terreiro – Kulthaus der afrobrasilianischen Religionen, oft ist mit dem Begriff gleichzeitig auch die Gemeinde mitgemeint

Theogonie – Mythos von der Entstehung und Abstammung von Gottheiten, im Kontext dieses Buches zumeist der →Orixás

Umbanda – afrobrasilianische Religion mit dem höchsten Verbreitungsgrad. Die Umbanda ist in Rio de Janeiro entstanden und hat die dort aus dem Bantukult stammende →Macumba weitgehend abgelöst. Sie hat neben dem Spiritismus kräftige Anleihen aus ostasiatischen und indianischen Religionen übernommen und ist bekannt dafür, immer wieder neue Fremdelemente in ihr Weltbild aufzunehmen und mit dem eigenen Ursprung zu einer geschlossenen Einheit zu verbinden. Dabei ist zuweilen das Interesse spürbar, diese Religion immer stärker für Weiße europäischer Herkunft attraktiv zu machen. In dieser zuletzt genannten Ausprägung ist ihre afrikanische Orientierung oft nur noch Beiwerk und Tradition, wobei insbesondere der Spiritismus an Bedeutung gewinnt. Dem widerspricht allerdings eine starke →Orixá-Orientierung im tatsächlichen Ritus, die immer wieder beobachtet wird. Afrikanische →Orixás stehen allen verehrten Geistwesen in Linien →Linhas vor; von daher haben sie ein absolutes Übergewicht. Sie sind allerdings in der Vorstellung vieler Umbandisten weiter von den Menschen entfernt als die in der Hierarchie unter ihnen angesiedelten Geistwesen, die →Pretos Velhos oder die →Cabôclos, die primären Berater und Heiler aus dem Jenseits

Xangô – 1) viriler und phallischer →Orixá des Blitzes und des Donners sowie der Gerechtigkeit (synkr. Verb.: Hieronymus) 2) Bezeichnung der Religion des →Candomblé in Recife

Xaxará – Besen des →Omolu

Yaô – Novize, Neu-Initiierter, Initiationsgrad nach kompletter Erst-→Initiation

Yemanjá – →Iemanjá

Yorubá – Volksstamm im heutigen Südwest-Nigeria, bestand einstmals aus mehreren Königreichen, bildete aber eine einheitliche Religionsauffassung, die grundlegend für die afrobrasilianischen Kulte, insbesondere den →Candomblé, geworden ist; die Sprache der Yorubá wird als →Nagô bezeichnet

Zambi – Schöpfergott und Höchstes Wesen (Herkunft: Angola)

Zambipongo – Schöpfergott und Höchstes Wesen (Herkunft: Kongo)

Bildnachweis